Le livre
de l'épeautre

Parus dans la même collection

Jean-Noël MARCHANDIAU
L'Outillage agricole de la Provence d'autrefois (épuisé)

Marie-Claire AMOURETTTI et Georges COMET
Le Livre de l'olivier

Christiane MEUNIER
Lavandes et lavandins

Jean-Jacques DE CORCELLES, Robert MAZIN, JEAN-YVES CATHERIN
Le Noyer et la Noix

Bernard DUC-MAUGÉ, Bernard DUPLESSY
Le livre de la truffe

Bernard DUPLESSY, Robert CALLIER
Le livre de la glace

Robert et Antoinette SAUVEZON, Christian SUNT
avec la collaboration de G. BRIANE, C. CATOIRE, P. CHALLAYE, J.-J. GIANNI
Châtaignes et châtaigniers

SARL ÉDISUD, LA CALADE, 3 120 ROUTE D'AVIGNON
13090 AIX-EN-PROVENCE – FRANCE
Tél. 04 42 21 61 44/Fax 04 42 21 56 20
www.edisud.com – e.mail : commercial@edisud.com

ISBN 2-85744-885-6
© Édisud, Aix-en-Provence, 1996, 2005. Tous droits réservés.

Bernard DUPLESSY
Alain GABERT
Jean-Pierre VALABRÈGUE
Marie-Claude VALABRÈGUE - VERMOREL
Etude de blasons : Lucien DALMASSO, HÉRALDISTE
PHOTOGRAPHIE : Alain CHRISTOF

LE LIVRE DE L'ÉPEAUTRE

Edisud

Préface

Il en est de certains produits comme de certains bonheurs qui paraissent perdus, oubliés, évoqués avec nostalgie.

Tel fut, pendant des décennies, le cas de l'Épeautre, naguère, inconnu du grand public, réservé aux initiés.

Quelques privilégiés qui avaient eu la possibilité de l'apprécier en avaient gardé la saveur enfouie dans leur mémoire, tel Marcel Proust et le goût de la madeleine trempée dans une tasse de thé.

L'Épeautre a toujours le mystère et le charme des univers secrets. Celui d'une clé qui ouvre sur des mondes perdus, aujourd'hui, accessible à chacun.

On parle de la soupe d'Épeautre comme d'une potion magique, de "caviar des céréales". Certains prétendent en avoir nourri leur enfance, après qu'il ait été pour des peuples entiers le recours, la protection.

Au fond d'un vallon, sur le penchant d'une colline, on montre l'Épeautre avec le Ventoux pour patrie : ses champs s'y étendaient déjà à l'époque de la préhistoire, les Gaulois en mangeaient accompagné de safran et d'hydromel.

Des voyageurs étonnés imaginèrent écouter cette planète d'Épeautre. Ils le firent et ils découvrirent plus étrange et plus fascinant. Ils rencontrèrent des gens et des nourritures nouvelles, des rites et des sensations…

L'Épeautre blond est maintenant, comme la truffe noire et la lavande bleue, symbolique des traditions savoureuses et magiques attachées au Mont Ventoux et à la Provence.

JEAN-MICHEL FERRAND
Député de Vaucluse,
Vice-Président du Conseil Général de Vaucluse,
Président du Syndicat Mixte d'Aménagement et d'Équipement du Ventoux.

L'ÉPEAUTRE ET L'ESPRIT

Petit épeautre, d'après Jacobus THEODORUS, Eicones plantarum… (1590). Bibliothèque du Museum National d'Histoire Naturelle, Paris (avec autorisation).

T. MONOCOCCUM L.: Host, Ic. 3, t. 32. - [*F. A UN GRAIN.* - "Vulg. Engrain, Froment locular, Petit Épeautre, Blé riz"].

Tige peu élevée, dressée, grêle, raide, pubescente aux nœuds, creuse. Épi dressé, "très aplati, à axe fragile". Épillets plus petits que dans les autres espèces, "très fortement et très régulièrement imbriqués sur 2 rangs", obovales, glabres et très luisants ou pubescents, contenant 2 ou 3 fleurs dont "une seule fertile". Glumes plus courtes que les fleurs, égales, obovales, carénées, tronquées et "inégalement bidentées" au sommet, la dent principale ou mucron termine la carène et l'autre une nervure saillante. Glumelles égales ; l'inférieure de la fleur fertile munie d'une "arête fine". Caryopse "aplati latéralement", de forme ovale, d'aspect vitreux à l'intérieur, "ne se détachant pas par le battage", demeurant étroitement enveloppé dans les glumelles auxquelles cependant il n'est pas adhérent.

Extr. de : T. HUSNOT, *Graminées. Description, figures et usages. 1896-1899*

ÉPEAUTRE OU ÉPEAUTRE

Tout le monde l'appelle "épeautre". Et pourtant, l'Épeautre proprement dit [1], c'est le *Triticum spelta* (angl. *spelt wheat*, all. *Speltz* ou *Dinkel*), grain vêtu, hexaploïde (2n = 42), l'épeautre belge ou italien. Il ne faut pas le confondre non plus avec le *Triticum dicoccum* (all. *Emmer*), qui est le blé amidonnier, grain vêtu, tétraploïde (2n = 28).

Lui, c'est le **Triticum monococcum L.**, le "petit épeautre", autrement dit le blé engrain (angl. *small spelt*, all. *Einkorn*), diploïde (2n = 14), grain vêtu ; il n'est l'ancêtre d'aucune céréale moderne, se suffisant à lui-même, si l'on peut ainsi s'exprimer, souffrant de la confusion terminologique qui règne sur les marchés et dans la littérature. Il est le descendant (obtenu jadis par sélection progressive) du *Triticum monococcum Boeoticum*, dont un catalogue d'exposition disait naguère [2] : « La fragilité du rachis et l'éclatement des épis, lorsqu'ils mûrissent, empêchent ce blé d'être moissonné normalement, mais sont salutaires pour sa reproduction naturelle. Fichés par leur barbes dans la toison des animaux et transportés par eux, ou disséminés par le vent, lorsqu'ils tombent sur le sol, grâce aux barbes qui agissent comme un dard et aux filaments hérissés de la base, les grains pénètrent progressivement dans le sol » [3].

Le blé engrain, obtenu par sélection progressive de l'engrain sauvage, « signalé dans la Haute-Saône dès 4 700 avant J.-C., se trouve plutôt à l'âge du Bronze, bien que fortement concurrencé par l'amidonnier. Le blé engrain a persisté en France jusqu'au IIIe siècle avant J.-C., et il pousse encore dans plusieurs pays d'Europe ou d'Afrique du Nord » [4]. On lit fréquemment, dans les études aujourd'hui à la mode (grâce aux découvertes archéologiques récentes de grains conservés et répertoriés à force de minutie), que les Romains abandonnèrent "très vite et très tôt" le blé engrain (aussi bien que l'amidonnier) au profit de l'épeautre *spelta*, et on explique par là que nos civilisations occidentales modernes, héritières de la civilisation latine, méconnaissent cette céréale généreuse.

Il y a pourtant une région de France où "le petit épeautre" (c'est le nom régional du blé engrain) a toujours été cultivé : au pied du mont Ventoux, en département de Vaucluse, dans une zone dont le village de Sault est le point culminant et dont le débouché commercial est le marché de Carpentras (l'ancienne capitale du Comtat Venaissin), *la pichoto espèuto*, sans solution de continuité depuis les temps anciens, fait véritablement partie du patrimoine céréalier.

Mais cette tradition de culture du *Triticum monococcum* fut longtemps occultée par la confusion terminologique consécutive aux appellations populaires patronymiques et interchangeables : "petit épeautre" et "grand épeautre" aboutissent à l'appellation "épeautre" dans tous les cas, sur les marchés, et dans la littérature.

Homère, Hugo, Bosco et les autres

Car il y a une littérature de l'épeautre. Et cette littérature est épique ! Elle commence bien entendu, pour nous Occidentaux, avec Homère, dans l'*Iliade*. Au chant V de l'*Iliade*, le Troyen Pandare, fils de Lycaon, se plaint d'être victime de l'inimitié d'un dieu : d'où la traduction de Frédéric Mugler :

« … Il faut qu'un dieu soit contre moi.
Je n'ai de chevaux ni de char où je puisse monter.
Dans le palais de Lycaon, j'ai onze chars,
Beaux, fraîchement bâtis, tout neufs, avec de larges housses
Pour les envelopper, et près de chacun d'eux se tient
Un couple de chevaux "paissant l'épeautre et l'orge blanche" » [5].

En d'autres termes, sous la plume classique de Paul Mazon :
« … chacun a près de lui un couple de cavales paissant l'orge blanche et l'épeautre « [6].

Le chant VIII de la même *Iliade* s'achève sur la description des Troyens que la nuit a arrêtés en face du camp des Achéens (des Grecs) :

« Ainsi brillaient, entre les nefs et les rives du Xanthe,
Les feux qu'ils avaient allumés en avant d'Ilion,
Et les chevaux, debout près de leurs chars, "mangeaient l'épeautre
Et l'orge blanche", en attendant l'Aurore au trône d'or » [7].

Et dans la traduction de Mazon :
« Les chevaux, debout près des chars, attendent en mangeant l'orge blanche et l'épeautre » [8].

Vingt-sept siècles plus tard, Victor Hugo écrivait *La Légende des Siècles* ; et il mettait dans la bouche d'un personnage pieux et modeste

« … chacun a sa monture. (…)
Il faut à l'empereur le puissant palefroi
Bardé de fer, "nourri d'orge blanche et d'épeautre",
Le dragon pour l'archange, et l'âne pour l'apôtre » [9].

Il fallait être Victor Hugo pour faire rimer "épeautre" avec "apôtre" sans frôler le ridicule ; tant il paraît traditionnel que le cheval du héros épique soit nourri du mélange de ces deux céréales !

On trouve, dans la sacro-sainte traduction que Victor Bérard a fournie jadis de l'*Odyssée*, un passage analogue à ceux de l'*Iliade* que nous évoquions tout à l'heure, mais où la scène se situe chez les Grecs, à la cour de Ménélas (Sparte, alias Lacédémone) :

« Détèle leurs chevaux (ordonna Ménélas) et cours nous amener ces hôtes au festin ! A peine avait-il (parlé) qu'Étéoneus courant, sortait de la grand'salle, appelait, emmenait d'autres (serviteurs), détèlait les chevaux qui suaient sous le joug, les attachait aux crèches de la cavalerie, "leur donnait du froment mélangé d'orge

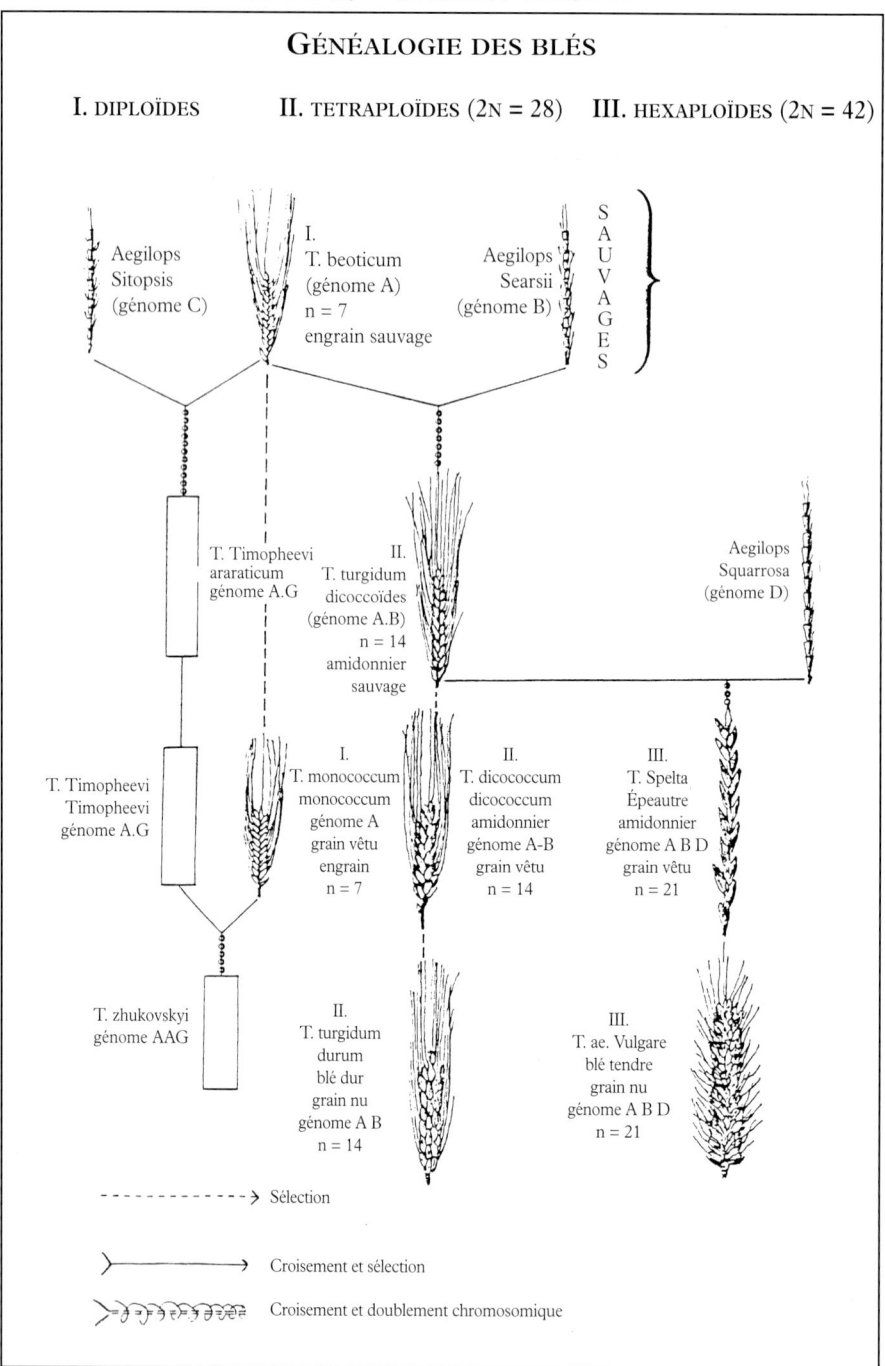

blanche" et, redressant le char, l'accotait sur le mur du fond tout reluisant, puis au manoir divin faisait entrer les hôtes » [10].

Le traducteur est ici en flagrant délit d'erreur. Car c'est bien de l'épeautre et non pas de froment qu'encore une fois il s'agit.

Il est intéressant de noter que dans l'*Odyssée*, le terme utilisé pour désigner l'épeautre (*zéia*) n'est pas le même que celui utilisé dans l'*Iliade* (*olyra*). En revanche, c'est le même mot, composé à partir de *zéia*, qui est utilisé dans les deux poèmes pour désigner un terrain fécond :

Iliade (II, 547–548) : « Peuple du vaillant Erechtée, enfanté par la glèbe féconde (*zeidoros*)... » (trad. Mugler).

Odyssée (III, 2–4) : « Quand le soleil levant monte (...) pour éclairer (...) notre terre aux blés (*zeidoron*) » (trad. Bérard).

Est-il besoin de souligner que si l'adjectif chargé d'exprimer la fécondité est un mot composé à partir du terme qui désigne l'épeautre, c'est bien à cause de la place importante tenue alors, en agriculture et dans la vie quotidienne, par l'épeautre. On a d'ailleurs, dans la même *Odyssée*, la description, dans la bouche de Télémaque, du site de Sparte (Lacédémone, royaume du blond Ménélas), dépeint en ces termes :

« Je ne puis emmener de chevaux en Ithaque ; c'est un luxe qu'ici j'aime mieux te laisser ; car ton royaume à toi est une vaste plaine, qui porte en abondance le trèfle (*lotos*), le souchet (*kupeïron*), l'épeautre (*zeiai*), le froment (*puroi*) et la grande orge blanche (*kri leukon*). Ithaque est sans prairies, sans places à courir » (trad. Bérard) [11].

On a du mal à imaginer, quand on connaît la Grèce actuelle inondée de soleil, que ce pays ait pu être autrefois différent. Et de fait, comme l'a bien montré Hellmutt Baumann [12], boisée et verte à l'origine, la Grèce a connu un déboisement intensif et une utilisation trop intense des pâtures à date historique, deux processus qui ont abouti à une certaine désertification, bien connue des touristes.

Mais, de quel "épeautre", ou plutôt de quel blé (*triticum*) est-il question dans les textes homériques ?

L'"épeautre" d'Homère, ou plutôt la céréale que les traducteurs d'Homère s'obstinent à traduire par le nom d'"épeautre", c'est en fait le "petit épeautre", *Triticum monococcum*, autrement dit l'engrain.

En effet, la partie occidentale de l'actuelle Turquie, c'est-à-dire une large frange servant d'arrière-pays à la côte égéenne de ce pays, c'est la zone de croissance de l'engrain spontané. Or, il s'agit de l'arrière-pays de sites historiques tels que Phocée, la fondatrice de Marseille, et la ville de Troie décrite et chantée par Homère. On verra plus loin qu'à partir de là, on suit à la trace l'expansion de l'engrain. Pendant tout le temps que dura cette avancée suivant un axe est-ouest, l'agriculture s'organisait également au Moyen et au Proche Orient. Et les épopées homériques (*Iliade* et *Odyssée*) reflètent cet état de civilisation médio-orientale. On sait qu'il faut dater de la fin du deuxième millénaire av. J.-C. les faits rapportés dans ses œuvres par le poète qu'on appelle Homère. Ce dernier vécut plusieurs siècles après les héros dont son génie relate l'histoire. On sait les embellissements, les grossissements, les déformations que l'imagination inspirée est amenée à faire subir à la vérité historique. Néanmoins, l'*Iliade* et l'*Odyssée* restent des témoins dignes d'intérêt car la vérité historique est reflétée plus fidèlement qu'on ne le croit par les œuvres littéraires. Il faut savoir la déceler. Tout se tient dans le microcosme des êtres humains : aucun indice n'est à négliger, rien de ce qui est humain ne doit être étranger à l'archéologue.

C'est la raison pour laquelle il n'est pas indifférent de voir que, dans notre littérature de langue française, considérée sous l'angle que nous avons précédemment adopté pour l'épopée de langue grecque, les chevaux des héros semblent plus souvent nourris (d'orge et) d'avoine que (d'orge et) d'épeautre – ce qui nous permet de taxer au passage Victor Hugo (mais est-ce important?) d'archaïsme flagrant [13] !

En effet, qui n'a pas entendu parler du picotin d'avoine ! Qui n'a pas vu, dans nos romans d'aventures, épiques ou romantiques, un cavalier déclarer à l'aubergiste, à la manière du Capitaine Fracasse de Théophile Gautier :
« La soupe à mes chiens, un "picotin d'avoine" à mon cheval... » [14]

L'avoine (*Avena sativa L.*), qui n'a jamais été cultivée au Proche-Orient, qui n'apparaît pas en Europe avant le premier millénaire av. J.-C., dont la culture est prouvée en Suisse à l'âge du Bronze, que les Romains considéraient comme bonne non pas pour l'alimentation (au contraire des Germains), mais pour le fourrage, l'avoine semble avoir pénétré chez nous, en France, par le Nord. De surcroît, elle est la céréale qui se prête à l'usage de la herse. Or, la herse semble être l'instrument agricole qui privilégiait l'emploi du cheval. Bref, il semble qu'exista chez nous, à date historique, la conjonction avoine-herse-cheval. Peu à peu, et du nord au sud, notre pays semble avoir été conquis par l'avoine, par la herse, par le cheval comme animal de labour : de même que la littérature du nord (disons de trouvères) a conquis et éteint la littérature du midi (disons des troubadours). Et si le cheval du troubadour se nourrissait encore d'épeautre, le cheval du héros nordique, qui se nourrissait d'avoine, a convaincu peu à peu ses pairs du midi que l'avoine était de rigueur. D'où le vieux proverbe : « Cheval d'aveine, cheval de peine ».

Henri Bosco (né à Avignon le 16 novembre 1888, mort à Nice le 4 mai 1976) est l'écrivain contemporain qui a le mieux parlé du petit épeautre ; il lui donne souvent son nom d'"engrain", qui est malheureusement tombé en désuétude. Son sentiment à l'égard de cette céréale rousse, les lecteurs du *Mas Théotime* s'en souviendront :

« Nous commençâmes de bonne heure, par le carreau d'engrains, qui est au sud de l'Aliberte. C'est un blé très rustique ; et je l'aime bien. Plus un blé est vêtu, rude, coloré, plus il me semble un vrai blé de la terre. Pure question de sentiment, sans doute » [15].

La vie d'un village apparemment inhabité se trahit par ses odeurs, et Henri Bosco, dans *L'enfant et la rivière*, en identifie deux comme étant fondamentales :

« J'entrai dans le village par le haut. Les ruelles étaient désertes, les maisons paraissaient inhabitées. Et cependant, elles sentaient encore le pain chaud et la soupe d'épeautre. Évidemment, les gens venaient à peine d'en partir » [16].

La page la plus belle à la gloire du petit épeautre, la page d'anthologie qui mérite d'être relue, la voici ; c'est une scène de vannage, aux mots riches et précis, aux mots vrais :

« (Françoise) marchait à côté de moi, sans rien dire. Sous son bras gauche, elle portait un grand van d'osier neuf qui craquait doucement à chaque pas qu'elle faisait à travers les chaumes. Car nous battions, ce matin-là, et, comme le temps menaçait toujours, il fallait profiter de la moindre embellie pour confier notre blé au souffle du vent. (…) Le dépiquage devait se faire, en hâte, à cause du ciel. (…) On travaillait vite, sans parler. Le vieil Alibert se tenait au mulet, Jean à la fourche, Françoise et moi aux gerbes. La paille était brûlante, et, à chaque brassée, sa chaleur nous montait au visage. Elle exhalait une puissante odeur de céréale dure qui m'enivrait. Le grand mulet ruisselant de sueur, les yeux bandés d'un chiffon rouge, tournait obstinément autour de son poteau ; et le lourd rouleau de granit foulait les gerbes étalées sur le sol sec, ardent, et qui se craquelait.

Quand on avait balayé un coin de l'aire et élevé, au bord, un petit tas de blé, Françoise prenait le grand van d'osier tendre et, cherchant dans l'air chaud le passage d'un souffle, elle secouait les grains roux, d'où s'envolaient la poussière et la balle, en blonds nuages.

A quelques pas de l'aire, il y a un mur bas couronné de cyprès. C'est là qu'on dépose le blé criblé au van. (…)

Le docteur Bourigat s'assit (…) :

— Les épeautres sont bons, affirma-t-il, mais comme vous, je crains la pluie avant la fin du dépiquage… » [17]

LA CHANSON DU PETIT ÉPEAUTRE

Tout le monde connaît la *Chanson des blés d'or*! Moins connue est une belle *Chanson de l'avoine* qui figure dans un recueil consacré au chant languedocien et pyrénéen :

« *Quand mon païre sagava l'avoêna*
La segava pauc a pauc
Cada cop se pausa un pauc.

Quand mon païre bilhava l'avoêna
La bilhava un pauc
Cada cop se pausa un pauc.

Quand mon païre batia l'avoêna... » [18]
(Quand mon père fauchait – liait – battait – etc. l'avoine, il la fauchait – la liait – la battait – etc. petit à petit. De temps en temps il se repose un peu). [19]

Il appartenait à M. Christian DOVA de composer la *Chanson de l'épeautre*, de cet épeautre (le petit épeautre) cultivé dans ses champs au flanc du mont Ventoux et qu'il met au menu du restaurant de sa ferme-relais de Saint-Hubert [20]. Voici les paroles de sa chanson, avec son autorisation :

Mon champ d'épeautre (1988)
Il est blotti dans un vallon
Entre Ventoux et Luberon
Il a force de caractère
Mon champ d'épeautre a des racines
Si profondes qu'on imagine
Les mains d'un homme qui espère.

Je vois venir à l'autre bout du champ
Une manière de géant
Jaune comme du grain trop mûr
Dans un fracas de lames et de courroies
Passe de la vie à trépas
Mon champ d'épeautre et son murmure.

J'ai mis dans le creux de ma main
Une bonne poignée de grains
Encore échauffée de soleil
Et j'ai vu naître une rivière
La vie douce en pleine lumière
Bourdonnante comme une abeille.

Pardonnez-moi si j'ai l'air d'un enfant
C'est peut-être ce petit vent

Qui m'enivre comme un vin pur
Mais ce grain que j'avais semé
Mains ouvertes pas mesurés
Voilà qu'il me paye en nature.

Je suis capitaine au long cours
Lorsque le vent tourne alentour
Et vogue la cime des pailles
Voyageur mais rivé sous mon toit
Je n'ai plus terre autour de moi
Mon navire est sans gouvernail.

Triste parfois je vous avoue
Quand les hommes devenus fous
Dressent leurs chevaux de bataille
Ces récoltes assassinées
Et mes frères comme le blé
Qui se couchent sous la mitraille.

En souvenir de nos moissons
Je vous dédie cette chanson
Amis que les vents éparpillent
Je garde au seuil de ma maison
Une terre comme un blason
La grande table de famille.

Et quand le soir viendra jouer
Sur nos épaules un peu nouées
Sortirons les bonnes bouteilles
Des enfants le cœur chaviré
Viendront se blottir et lassés
Porteront nos rêves en sommeil.

Il est blotti dans un vallon
Entre Ventoux et Luberon
Il a force de caractère
Mon champ d'épeautre a des racines
Si profondes qu'on imagine
La main d'un homme qui espère… [21]

Montez à la ferme auberge de Saint-Hubert, de Christian DOVA, sur la route des collines entre Méthamis et Sault, et goûtez, à la table d'hôte, le foie gras sur pain d'épeautre (de petit épeautre), ou le plat de légumes au petit épeautre confectionné pour accompagner, avec une simplicité irremplaçable, une oie rôtie de son élevage.

Et vous m'en direz des nouvelles !

La mystique de l'épeautre

Certes, à 100 %, le petit épeautre est impanifiable. Mais en procédant à des mélanges de 10 à 50 % d'épeautre venant en complément d'une bonne farine boulangère, on obtient des résultats délicieux. Et le petit épeautre a une odeur et un goût incontestablement meilleurs que l'odeur et le goût de l'Épeautre (*Dinkel*) ; si bien que les meilleures recettes allemandes à base d'Épeautre sont encore améliorées (nous en avons fait de multiples expériences) par l'utilisation du petit épeautre : il faut simplement tenir compte que la teneur en amidon du petit épeautre (*Einkorn*) est nettement supérieure à celle de l'Épeautre (cf. les taux respectifs de glucides), et doser en hausse l'apport d'eau lors de la constitution d'une pâte.

A l'école de l'Allemagne ?

Nous avons tout intérêt, en France, à tirer le meilleur parti de l'expérience acquise par nos voisins allemands qui essaient de faire renaître la culture de l'Épeautre (*Dinkel*), autrefois largement majoritaire et tombée depuis 50 ans dans un grave abandon.

Actuellement, les chercheurs allemands multiplient les tentatives d'amélioration des espèces, existantes ou obtenues par le travail des laboratoires. Nous avons visité et étudié, en 1990, les réalisations in situ du Dr Christof I. Kling, dans le cadre des travaux de l'Université de Hohenheim ; nous avons vu, dans ses champs d'expérimentation, un grand nombre de variétés améliorées, mais aussi des croisements expérimentaux (par exemple avec des épeautres anglais) ou même la tentative (réussie) d'acclimatation d'un épeautre qui avait la double particularité d'être nain et chinois ! El il nous a montré voisinant avec d'autres espèces de blés, dont certains très archaïques ressuscités artificiellement (par ex. *Aegilops Sitopsis*), un carré d'1 m sur 2 m d'une céréale que nous avons immédiatement saluée de son nom provençal, puis, pour faire plus sérieux, de son nom latin : la *pichoto espèuto* ! le *Triticum monococcum* ! Bref, le petit épeautre : « Chaque année, j'en sème deux mètres carrés, nous a dit le Dr Kling ; non pas dans un but expérimental ; pour ne pas le perdre de vue ! » Non, en vérité, la guerre des céréales ne saurait avoir lieu. En revanche, nous avons à rattraper, à notre manière, avec le petit épeautre (*Einkorn*) le retard que nous avons pris sur l'Allemagne, où l'Épeautre (*Dinkel*) est souvent proposé dans des pains (l'imagination boulangère des Allemands est sans égale) et des préparations pour petits déjeuners ou pour reconstituants sportifs. Le premier congrès sur l'Épeautre (*Dinkelsymposium*) a eu lieu le 29 juillet 1988 à l'Université d'Hohenheim, dans le cadre des activités de la Fondation Dinkelacker.

Allons ! On y arrivera à le rattraper, ce retard ! Au goût, l'*espèuto*, par rapport au *Dinkel*, c'est tellement meilleur ! Il faudra toutefois éviter de tomber dans un travers particulièrement pernicieux et contagieux, auquel n'ont pas échappé l'Allemagne et les pays de culture voisine, l'Autriche, la Suisse, la Belgique, et une partie des États-Unis : la mystique de l'Épeautre !

Hildegarde de Bingen

Car il y a aussi une mystique de l'Épeautre (*Triticum Spelta*), en Allemagne. Mais aussi en Autriche, en Suisse germanophone, en Belgique d'expression flamande, et aux États-Unis. Bientôt en France [22]. A l'origine de cette mystique : une lecture de *Hildegarde de Bingen* (1098–1179), une abbesse chrétienne allemande qui, bien que non canonisée, figure au martyrologe romain [23]. En son temps elle eut une notoriété européenne (l'époque romane fut, après l'époque de l'Empire romain, et avant l'ouverture des frontières de 1993, une longue période de pan-européanisme de fait, sinon de droit).

Cette lecture de Hildegarde est une lecture interprétative d'une œuvre écrite dans le latin du XIIe siècle allemand, dont les maîtres-mots constituent un corpus qui est, en fait, propre à Hildegarde et admet difficilement une traduction. Pure trahison [24], de surcroît, quand les préceptes de l'abbesse allemande sont cités et utilisés hors de leur contexte, cette lecture repose sur un présupposé, formulé de manière identique dans tous les pays que nous avons cités plus haut : « La guérison des maladies, aujourd'hui compromise par l'état de notre civilisation, n'est possible dans l'avenir que si l'on adopte un autre genre de vie ».

Car il s'agit bien de médecine ! Mais d'une médecine issue, non pas des Facultés, mais d'un courant réformateur et révisionniste très fin de siècle, qui récupère toute idée (de Platon à Alexis Carrell en passant par Albert-le-Grand et Hildegarde de Bingen) pouvant illustrer ou conforter ce présupposé. Sa formule maîtresse étant que toute maladie est une maladie "du corps et de l'âme" à la fois, sa doctrine est donc que la plupart des maladies sont une réponse du corps au manque de vertu ; qu'il faut cultiver la vertu ; et que la maladie est l'occasion qui nous est donnée de modifier notre style de vie et de devenir autre.

Hildegarde de Bingen, dont il n'est pas possible de rendre compte ici de l'ensemble de l'œuvre [25], ni de toute la doctrine, semble user et abuser des métaphores et spécialement des métaphores végétales. En réalité, il ne s'agit pas pour elle de métaphores : les mots (latins, car elle s'exprime en latin) sont le reflet de la réalité qu'ils expriment ; mais il faut savoir le comprendre ; et Hildegarde le sait, non par science acquise, mais par inspiration du Saint-Esprit. Certains de ses "mystiques calembours" [26] sont connus : *materia*, mot latin qui signifie "matière, matériau, bois", est entendu par elle comme étant la *crase de mater-Maria*, et la Vierge Marie, la mère du Christ, est à ses yeux la régénération de la matière (humaine) primitive bouleversée et dénaturée par Ève, la première femme ; Marie est ainsi la nouvelle Ève, celle par qui le projet divin, jadis compromis, redevient possible. Ève elle-même est en latin *Eva*, l'inverse maudit de *Ave*, le salut, dont Marie, la nouvelle Ève, est la réincarnation et la promesse à implorer et supplier : *Ave Maria* [27].

Pour ma part, je proposerai à mes lecteurs d'étudier une autre métaphore porteuse d'un "mystique calembour" qui a échappé jusqu'à présent aux exégètes et qui est au centre de la mystique de l'Épeautre. Ce que Hildegarde de Bingen célèbre dans certaines plantes tient dans un mot, *viriditas*, la verdeur dans tous les sens du mot français. Or, ce mot contient la syllabe vir–, qui est homonyme du nom latin *vir* qui désigne l'homme (le mâle) ; on retrouve paradoxalement cette syllabe dans le latin *virgo* qui désigne la vierge, dans *virga* qui désigne à la fois la branche végétale (le rameau) et la verge, ainsi que dans *virtus*, qui désigne la vertu, notion à ce point physique pour Hildegarde qu'elle en vient parfois à en célébrer les odeurs : « le parfum suave des vertus ». Si bien que Hildegarde, dans le délire de ses fréquentes nébuleuses métaphoriques, célébrant la *viriditas* de la *virgo Maria* semblable à une *virga viridissima*, célèbre en fin de compte l'homme (*vir*) qui est né de cette vierge et qui est l'objet de son culte, le Christ, auquel elle s'identifie au point d'en perdre sa féminité – voire sa virginité [28] –, acquérant ce qu'on pourrait appeler une "virilité mystique" que ses contemporains lui reconnaissaient volontiers.

Voilà la femme qui a célébré l'Épeautre [29] sous le nom latin de *Spelta*. En des termes choisis : *optimum granum*, le meilleur des grains ; *calida*, une nature chaude ; *pinguis*, gras ou dense ; *suavior aliis granis*, plus goûteux que les autres grains. Tous ces termes sont trahis par une traduction hors contexte, mais cela importe peu ici. En revanche, quand on examine le cinquième terme dont elle qualifie l'Épeautre, on voit comment cette céréale peut se trouver au centre du courant réformateur et révisionniste évoqué plus haut. En effet, Hildegarde de Bingen qualifie l'Épeautre de *virtuosa*.

Virtuosa est un adjectif qui renvoie à toute la force virile (*vir*–) curative dont une plante peut être capable grâce à sa *viriditas* ; mais en même temps, *virtuosa* est l'adjectif qui a donné le mot français "vertueux". On voit donc que, pour Hildegarde, l'adjectif qualifie une plante à la fois bourrée d'énergie (virile) et vertueuse. Les "subtilités", c'est-à-dire les pouvoirs de la *viriditas* intime, de l'Épeautre, comme celles des autres plantes et créatures, Dieu les avait dissimulées ; mais il les a révélées peu à peu à Hildegarde au cours de "visions" qui furent connues et célébrées, à l'époque, dans toute l'Europe ; Hildegarde, après maintes hésitations (qu'elle exposa notamment à Bernard de Clairvaux), décida finalement de les dévoiler au reste de l'Humanité, et c'est à l'analyse (à coup d'adjectifs latins) de ces "subtilités" que Hildegarde de Bingen se livre dans la majeure partie de son œuvre écrite, plante après plante, créature après créature, avec une patience qui dissimule l'impatience de convaincre les hommes de la nécessité d'un tri à la fois dans la Nature et dans les actes de leur vie quotidienne.

Et les épigones de Hildegarde, qui se réclament de son nom et de sa doctrine, quelque sept siècles plus tard, n'y vont pas par quatre chemins ; ils claironnent à l'envi que la voie du salut passe par la réforme, qu'il faut "changer de régime et adopter l'Épeautre" [30]. L'adoption de l'Épeautre, véritable "plante miracle", est la condition *sine qua non* de la vraie réforme ; car "le secret de la force vitale curative, on le trouve concentré dans le grain d'Épeautre" [31]. Le grain d'Épeautre, voilà la nouvelle hostie, régénératrice !

Tous ces débordements concernent le "grand Épeautre". Faut-il souhaiter que le "petit épeautre", à son tour, en bénéficie ? Les lecteurs jugeront en leur âme et conscience. Il est certain que le "petit épeautre", l'épeautre sans majuscule, peut se substituer avantageusement à l'autre. Mais fruit de la patience et du terroir de notre Provence, il ne saurait, me semble-t-il, se départir sans dommage de ce qui est aussi une vertu et qui est fondamental chez lui, l'humilité, *pichoto espèuto*. Ce qui ne l'empêche pas d'avoir grand goût ! Le reste n'est qu'hystérie !

NOTES DU CHAPITRE : L'ÉPEAUTRE ET L'ESPRIT
[1] " Les livres d'agriculture font "épeautre" féminin ; ce qui est plus conforme à l'étymologie " (LITTRE). En effet, le mot vient du latin *spelta*, s.f. : le mot est féminin en provençal. Il semble être devenu masculin dans l'usage moderne.
[2] *Du grain à la farine*. Musée archéologique de Dijon, 14 déc. 1982 - 29 août 1983 ; catalogue par Mme Micheline Jeanlin, conservateur.
[3] P. 9 du catalogue.
[4] Ibid.
[5] *Iliade*, V, 191–196 ; trad. Fr. MUGLER ; éd. de la Différence ; 1989.
[6] Paris, éd. Les Belles Lettres, coll. Budé, T. 1 p. 122.
[7] Trad. MUGLER, op. cit. vv. 560–563.
[8] Op. cit. T. 2. p. 48.
[9] V. HUGO, *Lég. des Siècles*, XVIII, I, 209–214.
[10] HOMERE, *Odyssée*, IV, 41 : trad. V. BERARD. Ed. Les Belles Lettres, Paris.
[11] Ibid., vers 601 et suiv.
[12] H. BAUMANN : *Le bouquet d'Athéna*. Trad. de l'all. Flammarion, 1989.
[13] Dans les vers cités plus haut.
[14] TH. GAUTHIER : *Le Capitaine Fracasse*, chap. III (L. de P., 1985)
[15] HENRI BOSCO, *Le mas Théotime*, 1952, coll. Folio, Gallimard, p. 181.
[16] HENRI BOSCO, *L'enfant et la rivière*, 1953, coll. Folio Junior, p. 115.
[17] HENRI BOSCO, *Le mas Théotime*, 1952, coll. Folio, Gallimard, p. 200 et suiv.
[18] M. GIROU et L. MELET : *Le chant languedocien et pyrénéen* ; Toulouse, 1935.
[19] Cité par : J.-N. MARCHANDIAU : *Outillage agricole de la Provence d'autrefois*. Edisud, 1984. Ce livre, documenté, ne dit pourtant rien de l'épeautre ni du petit épeautre !
[20] Ferme Saint-Hubert, 84390 Monieux.
[21] Reproduction interdite sans autorisation de l'auteur.
[22] Il suffit pour s'en persuader de voir le courrier publicitaire que chacun reçoit, et qui vante les "aliments miracles".
[23] Née à Bermersheim, dans la Hesse ; la fête de Sainte-Hildegarde est fixée au 17 septembre ; ne pas confondre avec la bienheureuse Hildegarde (757–783), l'une des épouses de Charlemagne, fête le 30 avril.
[24] Cf. l'adage italien : *traduttore, traditore* (un traducteur est un traître).
[25] Ses œuvres figurent dans la *Patrologie Latine* de MIGNE, tome 197.
[26] L'expression est de RÉMY DE GOURMONT, in *Le Latin mystique*, 1980.
[27] Cf. de HILDEGARDE DE BINGEN, *Louanges*, 77 pièces en latin ; une édition récente est parue aux éditions de La Différence (1990) : la traduction en français y est exécrable, mais le texte latin est à peu près respecté.
[28] Ibid., n° 39
[29] *Livre des subtilités des créatures divines*, Livre I, chap. 5.
[30] G. HERTZKA ET W. STREHLOW, *Handbuch der Hildegard-Medizin* ; version française sous le titre *Manuel de la Médecine de Sainte-Hildegarde* (1988), aux éditions Résiac (BP 6 - 53150 Montsurs). L'introduction donne les adresses d'un certain nombre d'Associations, en France, mais surtout en Allemagne, etc., se réclamant de Hildegarde de Bingen. Pour la présente citation, fondamentale, cf. p. 175, et passim.
[31] Ibid., p. 212.

Le chemin de l'épeautre

LE VOCABULAIRE INCERTAIN DE L'ÉPEAUTRE

Parle-t-on du grand épeautre, de l'amidonnier, du petit épeautre quand textes et documents nous livrent ce nom ? La confusion est presque constante et ne date pas d'aujourd'hui.

Spelta, le nom latin n'apparaît, pour la première fois, que dans l'édit de Dioclétien, en 301 (ap. J.-C.). Cet empereur, après avoir pacifié son empire, sut partager le pouvoir, afin de mieux défendre Rome et organiser l'agriculture, le ravitaillement, clés de la paix : il décrit, pour les blés qui doivent alimenter le peuple, *triticum* et *spelta*. Un peu plus tard, Saint Jérôme, père et docteur de l'Église, grand voyageur, de la Gaule à l'Asie, écrivain et commentateur de la Bible, précise que ce *spelta* correspond au "far", reconnu comme blé amidonnier. On consommait ce dernier en Egypte et aussi en Italie, au temps des Rois puis, dans des formes symboliques, sous la République. D'ailleurs, "far" est le nom utilisé, dans l'Antiquité, pour les blés vêtus, c'est à dire dont la balle de son se détache difficilement du grain. Ainsi, le mot nouveau de *spelta* s'applique avec précision à l'amidonnier, mais celui de far à toutes les céréales vêtues sans distinction précise : l'amidonnier étant seulement le plus semé alors.

Dans la Rome classique, opulente, disposant des richesses du monde, le froment prend la première place et relègue au fond des campagnes isolées, *spelta* ou far. Cette évolution se confirme durant le Bas-Empire, sauf sur les marges de la Gaule, au nord : chez les Eburons de Belgique, chez les Helvètes, en Germanie où l'on rencontre *spelta*, par champs entiers. La frontière est devenue perméable : les hommes, les produits, les techniques s'échangent, *spelta* se découvre sur les marchés, dans les cultures des Médiomatrices d'Alsace ou chez les Séquanes le long de la Saône. Mais ne s'agit-il pas de la renaissance d'une céréale gommée, un temps, par la paix romaine ? Un regain attendu ? Le mot utilisé pour désigner cette production est désormais *spelta* et il va pour tous les grains vêtus, sans distinction entre amidonnier, grand ou petit épeautre même si l'on sait que dans ces régions nordiques, il est le grand épeautre.

Tour à tour far, puis *spelta*, sont les céréales vêtues, sans précision.

Plus tard, entre le VIe et le VIIIe siècle, le *triticum* de Dioclétien indique le froment et *spelta*, cette fois, le grand épeautre dont Adalhard, abbé de Corbie, cousin de Charlemagne et son conseiller, recommande l'usage pour la confection du pain de ses moines. De ce temps, far semble oublié.

Jusqu'au XIIIe siècle, où far se retrouve dans les discussions de Thomas d'Aquin contenues dans sa *Somme théologique*. De son surnom le Docteur Angélique, Thomas, habitué des joutes religieuses, entré à cinq ans à l'abbaye du Mont-Cassin, chez les Bénédictins, traverse l'Europe en tout sens pour professer la parole de Dieu. Si Thomas ne distingue pas clairement entre *triticum* et *frumentum*, il n'est pas paysan, il établit pourtant des nuances : le premier est un blé nu, dont la balle se détache aisément, le second est « céréale ayant l'allure du froment ».

En revanche, il différencie far et *spelta* pour les proscrire dans la fabrication du pain de l'eucharistie car, selon la théologie, l'orge et les blés vêtus, fermement tenus dans leur balle, sont les symboles de l'Ancienne Loi quand le blé nu, facile à panifier, don de Dieu, est la Nouvelle Loi. Vieille question dont on débat depuis Adalhard quand de toutes céréales on faisait du pain. Comme à Rome, avec le progrès matériel, on préfère le pain de froment, pas forcément pour son goût car celui d'épeautre est renommé excellent. Peut-être pour les facilités plus grandes de panification ?

L'autorité morale et intellectuelle de Thomas tranche : ce débat nous fait connaître le vocabulaire, *frumentum* et *triticum* d'un côté, far et *spelta* de l'autre. En réalité, si l'un va à l'amidonnier, rien n'est encore établi entre le grand et le petit épeautre : on parle de l'épeautre. Comme c'est le grand que l'on cultive dans l'Europe septentrionale, on en déduit que *spelta* va obligatoirement à ce dernier.

Ce qui semblait à peu près clair avec Thomas d'Aquin va redevenir confus avec les érudits ou savants. Au XVIIe siècle, le Sieur Du Cange, curieux invétéré, avide de connaissances qu'il publie, fournit comme synonymes de *spelta*, « *far, zea, épeautre*" confondant grand, petit épeautre et amidonnier. Pour un autre article, à *speaultra* », on trouve « *hordei species, vulgo épeautre* » cette fois il identifie l'épeautre à de l'orge. Un siècle plus tard, au XVIIIe, c'est au tour de Valmont de Bomare, naturaliste et auteur du *Dictionnaire raisonné universel d'Histoire naturelle*, en 1776, il parle, dans la même rubrique, de « froment locar, froment rouge ou épeautre, ou blé locular, *zea* », blé locular, terme utilisé pour nommer le petit épeautre. De plus, il annonce que « "les Anciens faisaient avec le grain de l'épeautre leur fromentin » ou fromentée, une bouillie qui se confectionnait… avec le far ou amidonnier.

Quelques années après, en 1787, en un *Précis de la matière médicale* écrit par Lieutaud Joseph, médecin né à Aix-en-Provence, attaché à l'infirmerie royale de Versailles, Premier Médecin du Roi à partir de 1770, on découvre un article ayant pour titre *Épeautre. Zea, briza dicta, vel Monococcos Germanorum, C.B.P. Hordeum disticum spica nitida, zea dictum, inst. rei herb.* Épeautre considéré comme le grand épeautre voisine avec *monococcos Germanorum* ou petit épeautre que l'on qualifie "des Germains".

Un peu avant, la *Nouvelle Maison rustique*, en sa quatrième édition de 1736, décrit à « épeautre, *zea* ou *spelta* : …il y en a deux espèces, l'une simple et l'autre qui a double boure et toujours deux grains en chaque gousse ». Il y a voisinage entre petit épeautre, à un grain par épillet, et amidonnier qui en possède deux, le tout baptisé du nom du grand épeautre.

Rien n'est vraiment précisé. Les auteurs successifs, par méconnaissance et informations incertaines, n'ont jamais fait, sauf à des époques particulières, chez les Carolingiens ou chez Thomas d'Aquin, et encore, une différence entre *spelta* – grand ou petit épeautre.

Le chemin de l'épeautre

Qu'en est-il des Provençaux ?

Chez Avril, en 1839, dans son *Dictionnaire provençal-français,* publié en Apt, région où se rencontre le petit épeautre à cette époque, on trouve « *espeouto* : épeautre-froment locar. Espèce de menu froment à deux rangs de barbe. Il est excellent en soupe ». La fameuse soupe de petit épeautre si bonne avec son "merson" ou saucisse de porc ! En tout cas, Avril ne différencie pas grand et petit au pays du petit épeautre.

Honnorat, dans son *Dictionnaire provençal-français ou dictionnaire de la langue d'Oc* de 1846, publié à Digne, autre région où se consomme le petit épeautre, fait apparaître « *espeouta-pichota*. Metel : petite épeautre, froment monocoque, froment uniloculaire… chaque épillet ne contient qu'une fleur fertile… qu'un grain ; c'est celle qui est généralement cultivée dans la Haute Provence ». Enfin une mention précise, sans discussion possible : il faut dire que, comme ses semblables, Honnorat avait été nourri de copieuses soupes de cette céréale, il savait de quoi il parlait.

[marginalia: Provençal names for engrain]

Il recueille même un mot, « *espeoutiera* ou *espeoutière* : champ ensemencé d'épeautre. Epeautrière n'est pas adopté par l'Académie », déclare-t-il avec regret.

Malheureusement, en 1826, le Comte de Villeneuve établissant ses fameuses *Statistiques du département des Bouches-du-Rhône,* réunit, dans la même rubrique, « blé locar, froment locular, petit épeautre », mariant ce dernier au grand épeautre.

Avec Frédéric Mistral, dans son *Trésor dou Felibrige,* il y a *espèuto, epèuto* qu'il relie clairement à *spelta* et *pichoto espèuto* appelé de son nom latin *triticum monococcum*. Les choses semblent nettes, sans ambiguïté. La langue provençale, celle des paysans pratiques, distingue le grand et le petit épeautre. Il y a même un raffinement supplémentaire avec « Metel » cité par Honnorat et Mistral : c'est le nom donné à Nice au petit épeautre et où l'on peut deviner qu'un méteil, un mélange de ce grain avec du seigle ou du grand épeautre, a pu se confondre avec le petit.

Les spécialistes de la langue provençale ont fini par y voir avec précision : les deux céréales sont repérées, sans confusion possible, sauf peut-être encore pour le metel !

Hélas ! Nous avons vu Villeneuve, pourtant Comte et Préfet, tout embrouiller ! Il ne sera pas le seul ! Erudits, savants et lettrés ont eu tant de mal à préciser les choses, qu'en a-t-il été pour les petits fonctionnaires du fisc occupés à dénombrer les récoltes afin de prélever l'impôt, lorsque sur leur liste il n'y avait qu'*espiaute* ou épeautre sans que rien ne distingue le grand et le petit ? Comme à Oraison, en 1774, à Apt en 1794, à Sault en l'An III, à Mimet en 1780, aux Mées en 1803, à Trans entre 1707 et 1716, à Niozelles, Baudiment, Le Crestet, Dauphin, Puget-Figette en 1835…, ils ont négligé d'établir la différence. Pas plus que ne l'avait faite l'intendant du Roi René en son château de Gardanne pour son épeautre de Collongue en 1465. Sauf à découvrir des stocks de graines en des sites archéologiques du moyen âge ou des temps plus proches et à les analyser grâce à la carpologie pour savoir à qui on a affaire, il est probable qu'on n'établira jamais

LE LIVRE DE L'ÉPEAUTRE

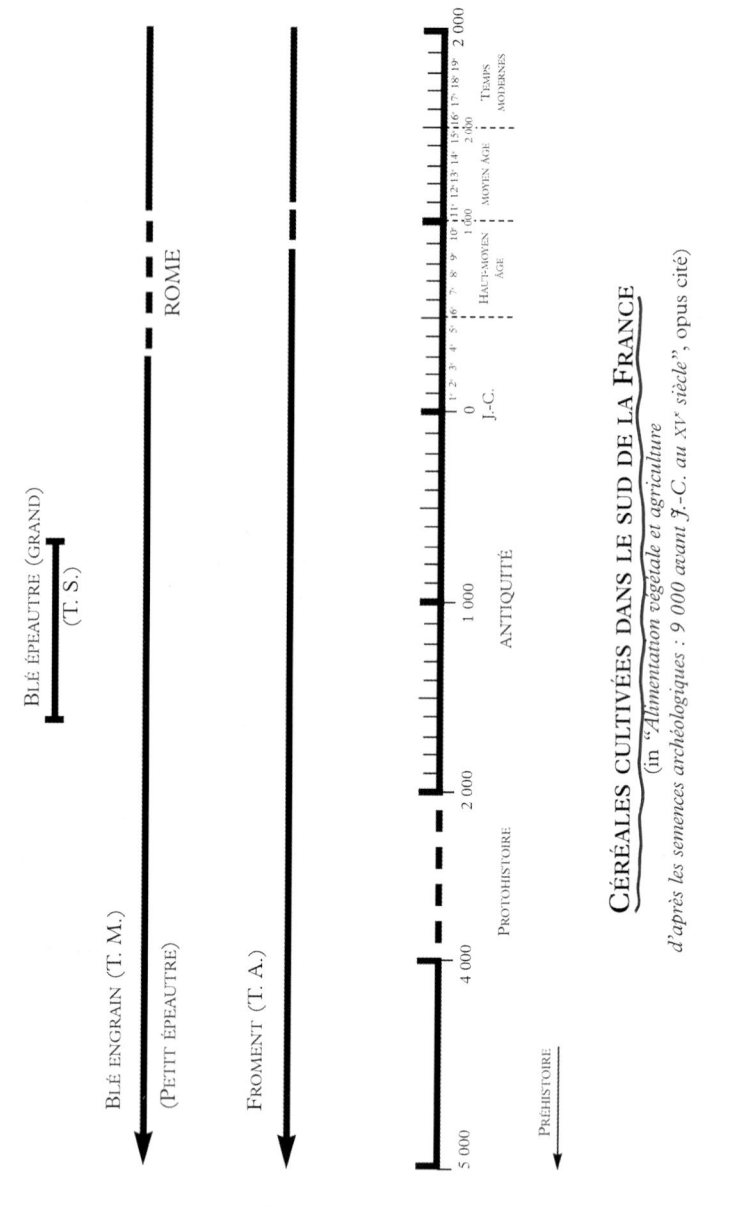

CÉRÉALES CULTIVÉES DANS LE SUD DE LA FRANCE
(in *"Alimentation végétale et agriculture*
d'après les semences archéologiques : 9 000 avant J.-C. au XVe siècle", opus cité)

l'identité réelle de cet épeautre. Encore que des recoupements permettent de juger qu'en général, en Provence, le petit épeautre avait l'affection des paysans, et pas seulement autour du Ventoux ou sur les plateaux de Sault.

En ce cas, la survivance de cette céréale, depuis la préhistoire, depuis la grotte de Fontbrégoua dans le Var, et contre toutes les modes, devient une réalité remarquable et touchante.

L'ÂGE D'OR DU PETIT ÉPEAUTRE : DU NÉOLITHIQUE AUX MASSALIOTES

En Provence, quelques sites préhistoriques livrent des traces du petit épeautre : Fontbregoua dans le Var, le Baou Roux près d'Aix…

Ces découvertes sont dues à une science nouvelle, la carpologie qui étudie les vestiges de graines ou de fruits. Les paléosemences contenues au sein des couches archéologiques y ont été enfermées par carbonisation consécutive à un incendie, par constitution d'un milieu sans oxygène, dans des épaves ou des latrines ou encore si la semence, l'épi se sont imprimés dans de l'argile. On les découvre dans les greniers, les réserves, les sols, les dépotoirs, parfois dans les tombes. Elles permettent l'analyse de leur origine et l'étude de leur culture.

D'ordinaire, il est admis que les premières traces de l'agriculture, de la domestication des plantes, des céréales, apparaissent au Proche-Orient pour se répandre peu à peu, par "contamination progressive" à partir du VIIe millénaire avant J.-C. Or, les gisements de Fontbregoua, dans la grotte des cannibales, baptisée ainsi pour les restes humains qui y ont été consommés, livre des graines de petit épeautre ainsi que l'Abri des Pigeons ou Grand Abri de Châteauneuf-lès-Martigues, dès le VIIe millénaire avant J.-C.

Les préhistoriens admettent que ce temps n'est pas encore en Provence celui de l'agriculture telle qu'on la conçoit d'ordinaire, avec préparation du sol, semaille… Ces premières céréales de blé tendre, d'amidonnier et de petit épeautre ou engrain semblent être, davantage, le fait d'une sélection exercée par les hommes par élimination des espèces inutiles et sauvegarde des autres dans un champ naturel.

Un petit épeautre provençal ?

Les scientifiques botanistes vont plus loin. Pour eux, l'hybridation entre les espèces de blés sauvages voisins est une affaire ordinaire et qui peut encore se produire de nos jours. A partir d'engrains sauvages, dont les caractéristiques sont d'appartenir aux grains vêtus qui assurent une longue et efficace protection, et d'avoir un rachis fragile, la fécondation de céréales proches s'est réalisée, donnant le petit épeautre de meilleure croissance que ses parents.

La stratégie de diffusion propre à ces graminées a pu faire le reste : de longues barbes permettent la dissémination au vent ou contre la fourrure de quelque herbivore, le système des racines, puissant, permet de résister au broutage tout en permettant à la plante de chercher minéraux et eau. La graine, vêtue, protégée par son enveloppe peut circuler, attendre la germination en un milieu favorable.

A partir de quelques prairies où l'hybridation s'est effectuée spontanément, l'extension a pu se réaliser, de façon simultanée et dans le même temps, aussi bien dans le Croissant Fertile qu'en d'autres régions vers l'Europe Centrale où le petit épeautre rencontrait des conditions favorables, vers la vallée du Rhin, dans les Alpes ou en Provence et, sans doute, ailleurs encore.

C'est la théorie, aujourd'hui, envisagée par les carpologues et les écologistes. D'ailleurs, comment comprendre la présence simultanée, dans les gisements de Fontbregoua ou de l'Abri des Pigeons de Châteauneuf, de l'engrain avec l'amidonnier dès le VIIe millénaire avant J.-C. quand l'agriculture commençait à peine à s'inventer au Proche Orient ?

Lors, il ne s'agit que de cueillette organisée mais qui, avec la vivacité et la prolifération naturelle du petit épeautre, comme des autres céréales trouvées, pouvait suffire à fournir de belles réserves. Des expériences de ramassage sur des champs naturels de ces graminées montrent, qu'avec un outil à dents de pierre, contemporain de ces temps lointains, une tribu pouvait remplir ses greniers, en deux ou trois semaines, de grains vêtus dont la conservation était excellente.

Au début, les céréales ont, peut-être, été consommées non sans être au préalable grillées, ce qui permettait d'éliminer les peaux et de manger. Mais, dès le VIe millénaire et jusqu'au IVe, durant ce qu'on nomme la période cardiale, on découvre des meules et des broyeurs : la fabrication de farine était en route. En même temps, la céramique, décorée à l'aide d'une coquille, le cardium qui a donné son nom à ce cardial, prolifère : elle montre, en particulier, qu'après le broyage, on passe à la consommation du petit épeautre en bouillie ou encore en galette cuite contre le ventre de l'un de ces vases chauffés au feu, ainsi qu'on le pratique en Afrique du Nord ou au Proche Orient.

Un petit épeautre venu d'ailleurs ?

Les diffusionnistes estiment le petit épeautre venu de « la partie occidentale de l'actuelle Turquie : cette large frange servant d'arrière-pays à la côte égéenne, s'est révélée être une zone de croissance de l'engrain spontané.

A partir de là, on suit à la trace l'expansion. Non pas en direction du sud : encore à l'époque d'Hérodote, au Ve siècle avant J.-C., l'Égypte ignore l'épeautre et l'engrain mais connaît l'amidonnier. L'expansion du petit épeautre eut lieu en revanche en direction de la Grèce entre 7 000 et 5 000 ans avant J.-C. ; ensuite, de la vallée du Danube, de 5 000 à 4 000 avant J.-C., elle partit en direction des basses vallées du Rhin, 4 000 ans avant J.-C., puis de la Suisse et des Alpes, de

4 000 à 2 800 avant J.-C. Pendant tout le temps que dura cette progression de l'engrain, l'agriculture s'organisait au Moyen et au Proche Orient, et les épopées homériques de l'Iliade et l'Odyssée en témoignent. »

Au contraire de ce qu'on a pu penser un temps, ce ne sont pas les grains qui ont circulé mais les techniques agricoles en un véritable "transfert de technologie". En échange de produits comme l'ambre, l'étain, les fourrures… on donna conseils, manières et l'art de l'agriculture, ce qui dut laisser de gros bénéfices ! Les Grecs de Massalia agiront de même plus tard avec la vigne et le vin dont ils ne livreront les secrets que peu à peu aux Gaulois avides de cette boisson.

Dans des groupes humains tout près de découvrir, par eux-mêmes, l'agriculture des céréales, l'arrivée de "conseillers", en la personne de marchands à la recherche de richesses naturelles convoitées, a été déterminante, que ces négociants soient venus par voie de terre ou de mer.

L'agriculture néolithique se diversifie, dès le début du IVe millénaire, en Provence. La présence simultanée dans les gisements de graines du blé tendre et nu, appelé froment, avec le petit épeautre, l'amidonnier, est preuve que les paysans d'alors ont bien appris la leçon. Ils jouent sur plusieurs registres : le froment sur certaines terres, l'engrain sur d'autres. L'un, dépourvu de balle doit être consommé en premier dans l'année, le second, bien protégé, ne risque aucune altération, viendra après dans la cuisine.

Il est possible d'imaginer que l'engrain, qui se contente de terres pauvres, a permis de faire face à la poussée démographique de la fin du néolithique : l'installation des hommes peut se réaliser à peu près partout.

La présence continue de l'engrain, depuis le VIIe millénaire avant J.-C., dans les gisements préhistoriques, son apparition dans des sites nouveaux, comme celui du Baou Roux dans la chaîne de l'Étoile, près d'Aix, sont gages d'une histoire vénérable.

Son utilisation en grains grillés, ou en bouillie, galette et même déjà en soupe, comme on en use pour l'amidonnier ou le froment, en l'absence de la panification, explique cette pérennité.

Au contraire, le grand épeautre n'apparaît, dans les analyses carpologiques, que vers 1 200 avant J.-C. pour s'en aller, quand les Romains s'installent, en 50 avant J.-C. : on ne le trouve ni durant l'empire, ni au moyen âge ou de nos jours.

L'épeautre de Provence est bien l'engrain, le petit épeautre depuis les balbutiements de l'agriculture en Provence.

Aire de distribution des ancêtres sauvages des blés cultivés (d'après Peterson)

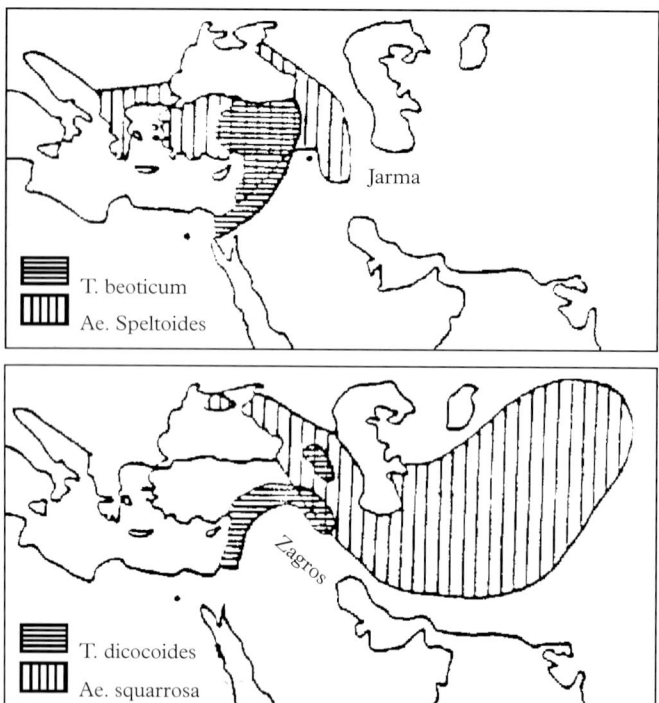

Aire de distribution dense des blés et orges spontanés
(d'après Harlan et Zahary)

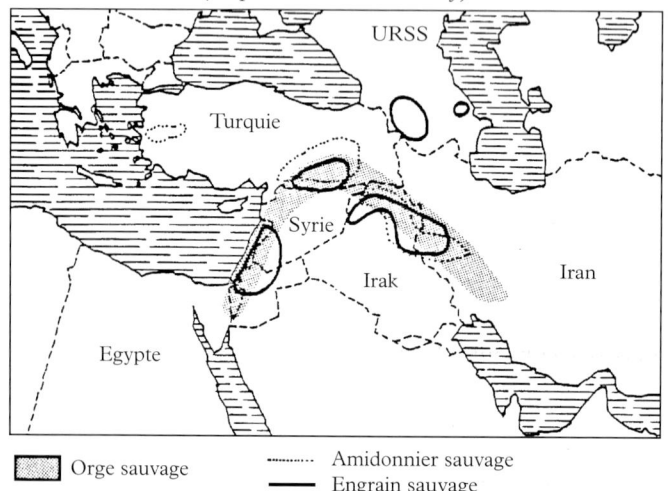

Le chemin de l'épeautre

UNE AUTRE ARCHÉOLOGIE DE L'ÉPEAUTRE :
CELLE DES MOTS ET DE LA LÉGENDE

Le mot qui désigne l'épeautre en provençal, *espèuto*, comme dans d'autres langues occidentales (latin *spelta*, allemand *Speltz*) a la racine *spel–/spol–* qu'on trouve en grec ancien en dialecte éolien, *spoléo*, au VIᵉ siècle avant J.-C. chez la poétesse Sappho [32], qui équivaut à la racine *stel–* de l'Attique et qui contient l'idée d'armer ou d'habiller (cf. l'expression botanique encore aujourd'hui usuelle, "grain vêtu", tout à fait analogue, pour décrire une des particularités de l'épeautre), ou encore chez le poète Philétas de Cos (vers 300 avant J.-C.) qui s'exprimait, lui, en dialecte dorien, *spoleus*, "sorte de pain" [33]. Les dialectes éolien et dorien étaient deux dialectes grecs d'Asie Mineure dont les territoires furent, on le sait, le champ d'extension du célèbre "croissant fertile" (nord de la Syrie, nord de l'Irak, nord-ouest de l'Iran), berceau des vieux blés. Au point de jonction entre l'éolien et le dorien vint s'installer en surimpression l'ionien dont le dialecte est originaire du continent grec (Attique) ; parmi les villes ioniennes, toutes aujourd'hui célèbres, il en est une dont le nom nous interpelle davantage : Phocée. Ce sont les Phocéens qui ont apporté en Provence, à partir du VIIᵉ siècle avant J.-C., une civilisation grecque originaire de l'Attique, mais métissée de tout ce que la côte est de la mer Égée pouvait fournir : or, elle avait fourni notamment l'épeautre (l'engrain, allemand *Einkorn*) à ses marins qui, partant à la découverte de la Méditerranée occidentale, en avaient sans doute rempli les flancs de leurs bateaux ; et elle leur avait appris à nommer cette céréale d'un nom qui ne figure pas dans la langue grecque classique, mais qui est resté chez nous, en Provence, dans notre *pichoto espèuto*.

On aurait envie de dire, à la manière des conteurs : « Les Grecs de Phocée ont un jour débarqué en Provence et y ont fondé Marseille vers l'an 600 ». Mais il faut résister à la tentation simplificatrice ; non, Marseille ne s'est pas faite en un jour ; la Provence non plus. Mais dès le VIIᵉ siècle avant J.-C., des Grecs ont mis pied à terre non loin de l'embouchure du Rhône. Et naguère, Charles Maurras a rêvé, se demandant « si la Marseille primitive, ou du moins le premier établissement phocéen ne fut pas à notre rocher de Bouc, dans l'îlot où le marbre d'Aristarchê a été découvert et qui s'appelle encore l'île Marseillès… » [34]. On peut croire aussi, comme l'historien latin Justin [35], qu'ils vivaient de la pêche, du commerce, souvent aussi de la piraterie. « N'ayant pas craint de pénétrer jusqu'aux derniers rivages de cette mer nouvelle, ils arrivèrent à ce golfe de la Gaule où se jette le Rhône. Séduits par la beauté des lieux, ils en firent, à leur retour, un si brillant tableau qu'une grande partie de leurs concitoyens voulurent se joindre à eux pour y retourner définitivement. Les chefs de l'expédition furent Somos et Protis. Ils se dirigèrent d'abord vers le roi des Ségobriges nommé Nannus, sur les frontières duquel ils voulaient bâtir une ville, et lui demandèrent son amitié. Ce roi préparait alors les noces de sa fille Gyptis, qu'il devait, suivant l'usage de ces peuples, donner à celui qu'elle choisirait au milieu d'un festin. Tous les prétendants invités étaient présents ; les hôtes grecs furent aussi conviés. La jeune fille étant introduite, et son père lui ayant ordonné d'offrir l'eau à celui qu'elle choisirait, elle se tourna vers les Grecs, sans même jeter les yeux sur les autres convives, et présenta l'eau à Protis. Celui-ci, étranger devenu gendre du roi, reçut de son beau-père le terrain où il voulait bâtir une ville. Marseille fut ainsi élevée près de l'embouchure du Rhône, au fond d'un golfe, et comme dans un coin de la mer... » [36]

La réalité fut sans doute différente, et surtout les choses n'allèrent sans doute pas aussi vite. Il n'empêche qu'on les imagine, ces Grecs, débarquant un jour sur le sol provençal ; dans leurs mains, « une broche et une marmite contenant du feu » [37] ; pour fonder une colonie, c'était le minimum requis, le feu et la broche étant destinés à la fois à faire les sacrifices propitiatoires aux dieux qu'on révérait et à assurer à la colonie la cuisson de la nourriture nécessaire à sa survie. Encore que les dieux et les hommes n'eussent pas droit (depuis Prométhée, on le sait) à la même nourriture : les dieux avaient droit à celle des parties de la victime qui font le plus de fumée (les graisses, etc.), tandis que les hommes en consommaient les chairs ; en revanche, les dieux ne mangeaient pas de pain : « Le tissu de la vie humaine est taillé dans la même étoffe dont est faite la nourriture qui l'entretient » [38]. D'où ce qu'écrivait Homère :

« Ne consommant ni pain ni vin aux reflets flamboyants,
Ils n'ont pas notre sang et portent le nom d'immortels. » [39]

Chez Hésiode, c'est le même mot, *bios*, qui désigne pour l'homme la vie et ce qui l'assure, c'est-à-dire le grain de blé ; et ce *bios*, gage de vie, est aussi gage de non-immortalité !

Si bien que les flancs des bateaux remplis d'épeautre, c'était pour la nourriture des colons. Et grande dut être la surprise des Grecs pénétrant dans les terres de l'arrière-pays et découvrant de vastes étendues de terrain semées d'épeautre : les autochtones en récoltaient aussi !

Mais s'agit-il vraiment du petit épeautre ?

La langue provençale a deux mots principaux pour désigner le pain de blé : *lou pan*, qui vient du latin classique *panem* "pain", et l'*artoun*. Ce dernier mot est un peu familier, un peu populaire, et à coup sûr archaïsant. Cela n'a rien d'étonnant : jadis, les Provençaux se sont mis un jour à dire *panem* pour imiter les gens bien, c'est à dire les notables romains ; mais le peuple, à la même époque où les Romains s'installaient en protecteurs, continua sans doute à parler comme on parlait auparavant ; or, auparavant, on parlait grec, en Provence, ou du moins on y entendait le grec, car, bien avant que les Romains soient appelés à la rescousse (125 avant J.-C.), les Grecs avaient débarqué près des "Bouches-du-Rhône" (VIIe siècle avant J.-C.). Or le Grec, pour désigner le pain, disait *artos*! Autrement dit, et pour le grand plaisir de l'amateur de mots vrais, de mots qui ont du sens et du goût, le mot qui désigne le pain en grec ancien est le même que le provençal *artoun* ! [40]

On sait que les variétés de pain ou de galettes, chez les Grecs, sont presque infinies. On distingue les sortes de grains dont ils sont faits : l'engrain n'est cité qu'une fois par Tryphon d'Alexandrie. Ce Grec qui vivait à Rome étudia vocabulaire et formes grammaticales, et vécut de 63 avant J.-C. jusqu'à 14 après J.-C. : bien après l'arrivée des Phocéens à Marseille. Les pains grecs très souvent sont à base d'amidonnier. On les différencie aussi d'après leurs ingrédients, les types de cuisson, la forme… Ainsi, *artos ek tiphôn* est le pain d'engrain mais le *chondritês* à l'amidonnier ou *semidalis*, pain de gruau d'amidonnier, étaient les préférés des populations grecques. Il est donc probable que c'est cette semence qu'ils ont transportée. Mais, comme ils n'ignoraient pas l'engrain, ils ont dû l'adopter auprès des populations locales, par commodité pour leur commerce et les échanges.

LA RÉVOLUTION ROMAINE : FROMENT CONTRE ÉPEAUTRE

En 125 avant J.-C., les Massaliotes appellent les Romains à l'aide : la pression des Gaulois du nord, de plus en plus forte, provoque cette demande, contre-nature mais indispensable à la survie immédiate de Massalia, incapable de se défendre contre une coalition prévisible. Les légions romaines écrasent la confédération salyenne à Entremont. En 122 avant J.-C., les Romains, toujours présents défont Arvernes et Allobroges et encore en 121 où 100 000 Gaulois meurent dans la même bataille. Finalement, les Romains s'installent dans ce qui sera la Provincia. Aussitôt, ils aménagent, bâtissent, régissent.

La logique romaine est inverse de celle des Massaliotes : ceux-ci commercent, échangent à partir de comptoirs, de routes, de *kapeloï*, ces véritables négociants-représentants dans l'intérieur de la Gaule. Ils troquent des marchandises précieuses comme l'étain, l'ambre, l'or contre vin et poteries de leur fabrication. Parfois aussi, ils achètent à leurs alliés gaulois des vivres : viandes, épeautre. A leur arrivée, les Grecs de Phocée consomment du pain de petit épeautre, d'amidonnier, de gruau, de son, de semoule. Cette tradition de la boulangerie, déjà ancienne, la faim de céréales, font des Grecs des gens peu exigeants sur ce plan : ils ont même des pains de millet, d'orge, une spécialité égyptienne, ou même de farine de lentille.

Les analyses carpologiques nous font connaître que le petit épeautre est présent dans les gisements archéologiques, en quantité variable il est vrai, mais suffisante pour savoir qu'il existe à l'arrivée des Romains.

35

Pour ces derniers, la Provincia doit être aménagée dans ce qui deviendra la *pax romana*. La terre, tirée au cordeau, doit produire ce qui est nécessaire à Rome, soit, le froment, le vin et l'huile.

Pourtant, au début de leur histoire, les Romains mangent de l'épeautre, le far, nom générique des blés vêtus, mais dont on sait qu'à Rome, il était l'amidonnier : rôti et concassé dans un mortier et préparé en bouillie, il était la nourriture de base, le mets national. Parfois on le mêlait à du lait et certains y voient l'ancêtre de l'actuelle polenta. Puis, sa consommation devint symbolique : on en faisait un gâteau que les futurs époux mangeaient en présence du Grand Pontife qui disait, à ce moment, des paroles mystérieuses pour sceller le mariage. Peu à peu, seuls les patriciens se livrèrent à cette cérémonie, pour n'être plus qu'un souvenir, parfois maintenu, en quelques très rares familles. Quand les conquêtes furent assez nombreuses, ils préférèrent le froment qu'ils pouvaient obtenir de leurs "greniers à blé" : plus commode dans sa préparation, auréolé de sa nouveauté, jugé meilleur autant par snobisme que pour ses mérites réels, il détrôna l'amidonnier. Désormais, les distributions gratuites de pains de froment à la plèbe de Rome, se firent au détriment de la bouillie d'épeautre, lourde et épaisse pitance, désormais méprisée. Sauf pour son usage religieux et tant qu'on en garda le souvenir. L'épeautre, céréale primordiale depuis la préhistoire, n'existe plus que comme aliment divin pour disparaître.

Au moment de la conquête de la Provincia, l'amidonnier, presque oublié, ne sera pas une plante de la romanité, ni aucun autre épeautre. Les terres romanisées, celles de "l'ager", avec centuriation, sont livrées à la trilogie classique de la vigne, de l'olivier et du froment. A preuve, dans les sites gallo-romains de Provence et du sud de la France, la carpologie, cette science de l'analyse des grains, ne découvre plus ni amidonnier, ni petit épeautre, du haut au bas empire romain, c'est-à-dire de 50 avant J.-C. jusqu'au IVe siècle après J.-C. Il est juste de préciser que le froment n'apparaît plus, lui non plus, aux IIIe et IVe siècles : on peut songer que la rentabilité de la vigne et de l'olivier était supérieure et que ces cultures étaient alors préférées dans les *villae* gallo-romaines.

Cependant, les carpologues considèrent comme probable la présence de l'engrain durant la période romaine, comme d'ailleurs le froment. Il y allait, sans doute, de l'alimentation des Gaulois : le petit épeautre en faisait partie. On peut supposer qu'il s'était maintenu dans les terres du *saltus* ou de la *silva* peu romanisées, aux mains encore de ceux qui se tenaient à l'écart : ce qui expliquera sa survie au moyen âge. On sait que les Gaulois du nord consommaient des pains faits d'une farine réputée pour sa blancheur, on sait que le grand épeautre, alors cultivé en ces régions, participait à cette boulangerie. Les traditions culinaires étant voisines chez les Gaulois du sud, sur ce plan, le petit épeautre aux caractéristiques proches du grand, continuait d'être cultivé.

Depuis toujours, certains aliments ou plantes sont de véritables traceurs de civilisation, des signatures. Ainsi, dans le sud, apparaît, curieusement, le grand épeautre de la fin de l'âge du bronze à tout l'âge du fer, de 1 200 avant J.-C.

jusqu'à l'arrivée des Romains : or cette période correspond aux descentes progressives de Gaulois et de Celtes, attirés par les régions plus agréables de la Méditerranée ou poussés eux-mêmes par d'autres mouvements de population. C'est ce qui provoqua la demande d'intervention de Massalia, incapable d'y faire face. Ces gens arrivèrent avec leurs habitudes, en particulier celle de la culture du grand épeautre. Puis, cette céréale disparaît définitivement des sites fouillés, remplacée par le petit épeautre si proche au goût et en qualité, et en raison d'une intégration probable des Gaulois entre eux.

Le temps de Rome n'est pas celui de l'épeautre qui reflue vers les terres négligées par le conquérant. En ces lieux montagnards, pauvres, sans intérêt pour la colonisation pourvu que le calme soit préservé, le petit épeautre va se maintenir en quelques champs écartés, chez les paysans qui restent loin des routes, par choix ou pour les hasards de la vie.

LES SIÈCLES DE FER ET LE PETIT ÉPEAUTRE

Parvenu à ce stade de l'histoire du petit épeautre, il faut rappeler que dans la préhistoire et encore dans la protohistoire, jusqu'à l'arrivée des Romains, ce grain fait partie d'un système de céréaliculture reposant, à la fois, sur le froment, l'engrain, l'amidonnier, l'orge nue et vêtue. Les quantités trouvées sont, parfois, faibles, mais leur continuité autorise des spéculations quand on intègre d'autres éléments historiques comme les connaissances culinaires, les conditions de la vie, la religion, les intérêts des hommes…

Les chercheurs eux-mêmes, d'un article à l'autre, peuvent avoir des difficultés à coordonner leurs découvertes. La carpologie n'a commencé, pour la préhistoire, que dans les années 1960-70 et seulement vers 1980 pour le moyen âge. Si les carpologues agrègent, à leurs travaux, des textes officiels, tels ceux de Thomas d'Aquin ou d'Adalhard, ils n'ont pas encore abordé des problèmes de mentalité ou le contenu d'archives.

On l'a vu, dans la Provincia, l'engrain a été bousculé par les Romains qui établissaient leur agriculture des blés sur le froment, même si Columelle, cet agronome du premier siècle, cite un grand nombre d'espèces de blé. S'il parle d'épeautre, du far ou amidonnier, c'est pour le reléguer aux confins du domaine, dans les terres humides. Cependant, il dit aussi : « il arrive rarement que la situation ou la nature d'un champ soit assez heureuse pour qu'on puisse se contenter d'une seule espèce ». Sagesse pratiquée jusqu'ici, abandonnée par les Romains dans leurs provinces pour des cultures spéculatives.

La nécessité fera retrouver les habitudes de la survie quand la sauvegarde rendra indispensable de renouer avec le passé.

A partir du Ve siècle après J.-C., au moment de la désagrégation de l'empire, l'arrivée de peuplades nordiques ou d'Europe centrale provoque l'insécurité et la désorganisation. La Provence commence à être parcourue par des bandes incontrôlées ou par des troupes franques qui pillent et brûlent. Du sud, viennent les Andalous, qui lancent des raids en de courtes campagnes d'été : par les vallées, ils atteignent la Suisse, le lac de Constance. Ils injurient et capturent les pèlerins qui traversent les Alpes pour Rome : les Romieux. Ils s'installent même au Fraxinet, la Garde-Freinet, en un royaume éphémère, et dérèglent la Provence. Un temps, du VIIe au IXe siècle, la civilisation recule en notre région. Les hommes se terrent. A Cabasse, dans le Var, ils se réfugient en des trous de caverne. Ils tentent de se confondre avec le paysage pour s'éclipser et n'être pas rançonnés. Les arènes d'Arles sont assez vastes pour recevoir ce qui reste de la population. Marseille n'est plus qu'un réduit défensif, au bout de la vieille ville, dans le château Babon. Toulon, Fréjus sont effacés, sauf, peut-être, un village de pêcheurs.

Pour ne pas disparaître l'homme doit se cacher. Il doit aussi trouver des cultures robustes, rustiques, peu exigeantes en terre et dont la conservation est aisée. Le petit épeautre offre ces qualités. Il avait survécu aux Romains dans les collines reculées. On peut le semer de l'automne au début du printemps. Surtout, sa nature de grain vêtu, la balle qui entoure le grain, d'ordinaire considérée comme une difficulté supplémentaire par rapport au froment nu, devient ici un avantage : la conservation de la céréale est bien meilleure. Insectes, moisissures, dégradations de toutes sortes sont retardés. Une à deux années de calme permettent la constitution de réserves pour les moments difficiles. Seul inconvénient, la plus grande place prise par le grain dans les greniers. Durant le haut moyen âge, les carpologues attestent de la présence du petit épeautre dans le sud de la France, même si ce n'est qu'en faibles quantités. Avec d'autres, il est utilisé afin de préserver les maigres chances de survie de communautés pourchassées, aux abois. Certains carpologues soutiennent encore qu'il s'agit de mauvaises herbes ramassées avec le reste : en ce cas, on renouerait avec la tradition d'une proto- agriculture avec des paysans qui ont appris à ne rien rejeter de comestible et qui savaient pouvoir mêler l'engrain à leur récolte précieuse. Et pourquoi ne pas songer à une sorte de méteil quand on sait que la tige du petit épeautre est résistante, plus solide que celle du froment : elle peut empêcher la verse de la céréale principale en cas de mauvais temps et préserver la moisson. Ultime qualité, la puissance de ses racines limiterait la venue d'herbes inutiles ou toxiques comme la nielle qui est dangereuse à moins de un pour cent du total récolté : l'impossibilité de trier les graines et le risque mortel d'une trop grande présence de la nielle ou d'autres espèces, peuvent expliquer aussi l'existence d'engrain ensauvagé au milieu de froment ou d'orge.

Avec le petit épeautre, les Provençaux de ces siècles de fer disposent d'un grain peu exigeant, de longue garde, que l'on peut consommer en galettes, en bouillies, en soupes épaisses et goûteuses. Ou en pains, pour la qualité de la farine et selon la quantité de combustible dont on disposait, de la sécurité du moment.

Même rare dans les amas examinés par les carpologues, le petit épeautre est le témoin d'un acharnement à vivre, d'une imagination paysanne sans cesse réinventée.

LE BEAU MOYEN ÂGE ET LE PETIT ÉPEAUTRE

Après l'An Mil, l'Europe, peu à peu, voit sa situation s'améliorer. L'homme se multiplie, s'organise sous le commandement de Dieu qui régit tout. Et le petit épeautre prend sa place dans la hiérarchie alimentaire voulue par le Ciel.

Au plus bas de l'échelle, sont les racines et bulbes, qui dans la terre, restent éloignés de l'Esprit. Ainsi, en va-t-il de même pour la viande du cochon, animal qui se nourrit en fouillant le sol de son groin. Puis viennent les herbes, les fruits, les céréales, les oiseaux : ceux-ci, par leur capacité de voler, de s'approcher de Dieu, ont une grande place dans les banquets des seigneurs. D'une façon générale, la symbolique alimentaire se constitue : d'un côté, une cuisine carnée avec une présence du pain parfois réduite à celle du taillor, cette galette relevée vers les bords pour recevoir viande et sauce, et que l'on jetait aux chiens ou aux pauvres, repas achevé. C'est l'imagerie du festin noble. De l'autre, une nourriture végétale, de soupe faite de racines ou d'herbes, de choux avec une pièce de lard qui y trempait. En Provence, on sortait les éléments solides qui accompagnaient le pain : c'est le "companage" Ils étaient consommés à part de la soupe liquide. C'était l'ordinaire des paysans. En bouillie ou en soupe, le petit épeautre est présent en cette tradition : il l'était déjà depuis longtemps, cette fois, au moyen âge, il trouve un rang dans les vivres du pauvre.

Mais par son appartenance aux céréales, il est des végétaux nobles, offerts par Dieu pour sauver l'homme. Thomas d'Aquin, au XIIIe siècle, tranche dans la hiérarchie : le pain de l'eucharistie ne peut être fabriqué avec de l'épeautre, parce que ce grain vêtu, difficile à traiter, est inférieur au froment, aisément panifiable. Dieu a voulu que ses hosties soient composées de la farine de ce beau blé. Par extension, de ce dernier, on façonne les plus beaux pains, ceux qui iront à la table des seigneurs ou des riches.

Pour le paysan, qui fait pousser le blé car c'est sa place et son rôle inscrit, les grains noirs, plus grossiers, pas forcément moins bons, plus délicats à moudre : parmi eux, l'épeautre.

Dans tous les cas, le moyen âge fait de l'épeautre une nourriture de pauvre, dans une remarquable stabilité depuis les Romains.

Pour autant, le petit épeautre reste présent tout au long du moyen âge provençal : les carpologues et leurs recherches en attestent. Les fouilles archéologiques aussi. Peu nombreuses pour la période médiévale, on connaît le bel effort qui a permis de dégager les ruines du vieux Rougiers, au pied de la Sainte-Baume. C'est le temps de "l'enchâtellement" lié à l'organisation seigneuriale. La noble famille des Signes construit pour marquer ses terres et loger ses rejetons nombreux, à la fin du XIIe siècle. Dans les greniers ruinés, on trouvera, à côté de l'orge et de l'avoine, du seigle et de l'épeautre. L'absence de froment prouve un terroir pauvre, difficile et la permanence de l'épeautre, sauvegarde de toujours.

L'épeautre des Hospitaliers

Vers 1330, les Hospitaliers de Saint-Jean de Jérusalem, dont le rôle était les liaisons avec la Terre Sainte, ont reçu de nombreuses donations en Provence. Ils établirent, sur leurs domaines, des commanderies en un réseau, au départ de Saint-Gilles, vers Mallemort, Manosque, Lardiers, Gap, ou vers Calissane, Aix, Ruou près de Lorgues, Comps… Parmi ces domaines, pour deux d'entre eux au moins, à Lardiers et Manosque, au pied de la montagne de Lure, une enquête de 1338 relève la présence du petit épeautre : on le dit représenter le tiers de la surface des terres de la réserve de la commanderie et mélangé à de l'avoine. On le dit aussi semé sur le secteur laissé en jachère. Les Hospitaliers cultivaient aussi froment, seigle, orge et d'autres méteils : en bons gestionnaires et parce qu'il fallait rendre compte à Dieu de ce qu'on leur confiait, ils ne gaspillaient rien. La culture de l'épeautre sur la jachère en est une preuve supplémentaire : dans un système où la moitié des terres cultivables devait se reposer une année sur deux, avec les faibles rendements de ce temps, aucune ressource ne devait se négliger. Sur le terrain improductif, c'est-à-dire la moitié ou presque du terroir, les Hospitaliers surent reprendre, à leur profit, la tradition paysanne millénaire : capable de pousser sur un sol pauvre, en un pays froid, l'épeautre, allié à l'avoine, apporte un complément appréciable, dans une époque où chaque poignée de grains est une chance de survie. Et si l'on peut imaginer qu'on en donnait aux chevaux, il est plus probable de penser à une consommation sous forme de gruau, ou de bouillie, de soupe aussi, pour l'avoine comme pour l'épeautre. D'aucuns songent que cette place sur la jachère est la preuve du peu d'intérêt pour cette culture : c'est bien tout le contraire. Les meilleurs des comptables et des exploitants ont su trouver à l'épeautre une position et une utilité des plus efficaces.

Le Roi René et l'épeautre

Sur le haut de la colline de Gardanne, au-dessus de la ville d'aujourd'hui, au-dessus de la vaste usine d'alumine, se dressait au XIVe siècle, le château du Bon Roy René, l'une de ses demeures provençales. René aimait les arts, les fêtes, détestait la guerre et tentait de gérer ses domaines au mieux des intérêts du Comté dont il avait la charge. A Gardanne, il possédait près de 300 hectares, avec les dépendances de Collongue ou Venel, au pied de la chaîne de l'Étoile. Il y voulut une exploitation modèle, exemplaire pour ses sujets et fit tenir le compte précis d'à peu près tout. Qu'il s'agisse de vignoble, de foin, de troupeaux, de fruits, de mesures, de céréales, tout est enregistré.

Ainsi, il est décrit la quantité et la diversité des grains semés, dont "5 charges d'épeautre à Collongue (achetées 15 gros la charge)", qui feront à la récolte de 1465, "21 charges d'épeautre à Collongue". Il est aisé de calculer le rendement qui est, d'environ, 4 pour 1, ce qui, en ce temps, était considéré comme bon.

Mais René, très regardant sur la rentabilité de cette entreprise, observe qu'avec le prix d'achat "à 15 gros la charge" auquel on doit ajouter le travail des semailles, du labour, de l'ouvrage sur l'aire à battre, la valeur marchande de l'épeautre, au départ de ses greniers, est de plus de deux florins par charge de grains. Un florin valant douze gros, la récolte d'épeautre obtenue lui coûte plus cher qu'à l'achat, l'année d'avant. Plus cher aussi que le blé ou froment, plus recherché et de meilleur rendement sur ses terres.

Aussi René n'a-t-il tenté cette culture qu'une année sans la reprendre. Pourtant, l'épeautre était présent dans les collines ou du moins, on peut le supposer : depuis la préhistoire, durant la protohistoire, on en a retrouvé les traces et plus tard, on en reparlera au XVIIIe et au XIXe siècles. Cette permanence s'explique par la nature des terrains de ce chaînon rocailleux : l'Étoile, avec ses sols pauvres et une certaine âpreté du climat, sans doute aussi avec un vrai particularisme des populations, ne pouvait qu'être l'une des patries, ou l'un des sanctuaires de l'épeautre en Provence.

René, à l'affût de tout, l'a essayé et en atteste la présence aux portes de Marseille en ce milieu du XVe siècle.

A Marseille, l'épeautre, objet de commerce

On lit, dans l'*Histoire du commerce de Marseille* : « la contribution de la Provence à notre ravitaillement... se bornait à peu de choses : ...et de l'épeautre de Manosque ou d'Aix dont une partie d'ailleurs était exportée vers l'Italie ». Ceci, pour les XIVe et XVe siècles, nous renseigne sur l'existence de l'épeautre dans la haute Provence et dans les collines du pays d'Aix, la Trévaresse, l'Étoile. On sait que l'épeautre se retrouve vers Grasse et les vallées du pays de Nice, répertorié dans les actes notariés pour la même période.

Mais à Marseille, en dépit des besoins de la ville en grains, l'épeautre est aussi objet d'exportation. Le produit, arrivé de la montagne de Lure, des collines autour d'Aix, est acheminé vers le port et s'en va en Italie où il contribuera à la confection de pains. Ce pays, plus que tout autre, connaît de grandes difficultés à alimenter sa population en farine. On mêlait aux céréales des pois réduits en poudre, des récoltes diaboliques de blés charbonneux ou de graminées non domestiquées pour la fabrication de "pains sauvages", douteux, parfois non comestibles et vendus pourtant, malgré les conséquences sur la santé. L'épeautre ne pouvait qu'améliorer de tels mélanges : sans doute était-il utilisé, de façon volontaire, plus pour ses parfums, sa douce saveur qui masquaient les exécrables mixtures, que pour la part de farine qu'il pouvait représenter dans le pétrin du boulanger.

Ces exportations ne durent guère, elles disparaissent au XVIe siècle. Sans que l'épeautre ne quitte Marseille.

Petits paysans poussés par la nécessité de survie, moines tenus aux meilleurs résultats pour la gloire de Dieu et pour offrir sur leurs terres l'image apaisée du triomphe sur le diable et le désordre, Prince soucieux de bonne gestion, négociants occupés à l'enrichissement de leur bourse et de leur cité, personne n'a négligé l'épeautre au moyen âge.

Des siècles d'épeautre

En Provence, les XVIe et XVIIe siècles ne laissent pas de trace du petit épeautre, ni d'aucun autre. Aurait-il disparu ? Ne s'agit-il pas davantage d'un problème de recherche, d'archives non dépouillées encore ? Nous sommes en des périodes troublées : guerres de religion, les Vaudois accumulent les ruines, la résistance aux actions de Richelieu, les incursions espagnoles, amenèrent, à force de misère, la fronde provençale, surtout la destruction probable de nombreux registres.

A partir du XVIIIe siècle, quand la Provence accepte de devenir française, les résistances reculèrent et leurs ravages aussi. Le petit épeautre, toujours présent en cet intervalle, se retrouva dans les relevés fiscaux.

Les témoins de l'épeautre

A Trans, dans le Var, de 1707 à 1726, pour la perception des impôts en deniers sur les récoltes d'*espeouto* ou épeautre, on relève une moyenne annuelle de trente-quatre charges de grains, sans oublier un panal et quatre picotins. Cet épeautre était cultivé par vingt et un récoltants ce qui est important pour une céréale considérée comme très négligeable. Les uns moissonnent plus de deux charges, ils sont dix, les autres moins d'une charge.

Quand on sait qu'une charge correspond en ce temps à, environ, trois cent vingt litres, soit pour l'épeautre, à près de 260 kilos, on est surpris par les quantités engrangées. Trois paysans qui récoltent cinq charges, font chaque année, pas loin de 1 300 kilos d'épeautre. Mais la moyenne pour les paysans de l'engrain varie autour de 400 kilos. Il ne faut pas oublier qu'il s'agit de blé vêtu et qu'il faut, avant consommation, faire disparaître la balle : c'est le mondage qui donne entre 25 et 30 % de déchets sur le poids initial. Il reste de belles quantités à manger quand on sait que cent grammes suffisent par personne pour une soupe d'épeautre. S'il s'agit de crêpe ou de galette, deux verres d'épeautre ou 250 grammes sont nécessaires pour quatre personnes. Ainsi, dans vingt et une maisons de Trans, la nourriture de base, celle qui permettait de survivre avec peu d'autres produits supplémentaires, aurait pu être l'épeautre, à raison d'une soupe quotidienne. A n'en pas douter, d'autres récoltes se font, du blé, des légumes, foin, raisins, olives, fèves et haricots… L'épeautre n'est qu'un complément pour la plupart, mais une vraie activité pour une dizaine de paysans. Ce succès à Trans et, sans doute, en d'autres villages de Provence, étude des archives faite, s'explique aussi par la fiscalité.

Le passage au moulin et au four banal n'était pas obligé pour l'épeautre : il suffisait, après les avoir grillés d'abord, d'écraser les grains, avec un pilon, dans un mortier. C'était bon pour la fabrication de gruau ou de bouillie : on pouvait même envisager un mélange avec de la farine de fève, pour obtenir un pain d'épeautre clandestin, assez difficile à digérer car la pâte, trop grossière, levait mal et restait spongieuse. En temps de disette c'était suffisant. Et les années difficiles ne manquèrent pas : 1709, le Grand Hiver, plus tard en 1768, 1775, 1789, 1802… Mais le paysan de l'épeautre pouvait échapper aux banalités qui se situaient, d'ordinaire, entre un pour quinze et un pour vingt. Dans un monde souvent en limite de survie, toute épargne est bonne.

Elle n'est pas la seule. Chacun devait l'impôt du dixième sur les fruits de la terre, prélevé après la dîme de l'Église. C'était lourd, la « dixième partie de tous les grains… de quelque espèce qu'ils soient, des grapiures et baliures, sera prise aux aires de la communauté » : c'est dire qu'on ne néglige rien, même les "baliures" et déchets mêlés de paille. Une réglementation tatillonne car touchant un produit vital.

Or "les bois, les incultes", moyennant une taille forfaitaire, imposition fixe et légère, offrent un avantage considérable : « les propriétaires sont dispensés de payer le dixième des grains qu'ils y percevront » pourvu qu'on ne défonce pas les terres. Un léger labour à l'araire suffit pour l'épeautre qui se satisfait de sols pauvres. La culture en était possible, dès lors, il n'y avait à régler dessus que dîme et recette communautaire : cette dernière était perçue par le fermier communal des moulins à blé qui en avait la charge. Il est à craindre, pour lui, que des paysans quelque peu frondeurs, n'apportant qu'une part de leur récolte d'épeautre à moudre, juste assez pour qu'on ne puisse leur faire de reproche, gardaient caché le reste qu'ils utilisaient à leur guise. Ce n'est pas pour rien que l'*espeouto* arrive en septième place, avant-dernière, dans le paiement de l'imposition ! A n'en pas douter, cette position n'est pas seulement liée à la nature du produit ni aux surfaces occupées. En jouant sur les règlements, les paysans ne déclaraient leur moisson d'épeautre que partiellement. Les trente-quatre charges annuelles ne sont que la portion reconnue par les paysans de Trans. La raison amène à songer à une présence plus forte de l'épeautre, contredite par les archives, en l'état des recherches, confirmée par l'importance considérable laissée par cette céréale dans la mémoire orale des communautés villageoises.

La Révolution et l'épeautre

Et après, et ailleurs, au XVIIIe siècle ? Toujours peu de traces, en l'état des recherches. Mais l'une à Mimet, dans la chaîne de l'Étoile, en 1780, pour une charge récoltée, dans l'un des sanctuaires de l'épeautre depuis la préhistoire. L'autre à Oraison, au bord de la Durance, avec six charges moissonnées en 1774 : en ce lieu, indication est donnée d'un ensemencement moyen de quatre charges et d'un rendement faible, pour un grain mis en terre, deux récoltés. Qu'importe ! Entre la fraude fiscale possible, des semailles portées par des jachères ou des sols incultes, l'épeautre apparaît de plus en plus comme une moisson supplémentaire, presque gratuite, une providence.

La Révolution, tatillonne comme un notaire, va changer cela. D'abord on relève, avec précision, les déclarations des récoltes : à vrai dire, il y a de la résistance. En Apt, pour 1793, il manque 263 déclarants qui ont refusé de déclarer ! Le nombre des "honnêtes" citoyens n'est que de 146 et de 131 en 1794 où, par miracle, il n'est plus compté d'absents ! Par la suite, on préfère ne plus comptabiliser les "honnêtes" citoyens, ce qui évite d'avoir à dresser la liste des récalcitrants. Aussi, seule l'année 1794 chiffre l'épeautre, pour quarante quintaux de l'époque, soit près de 2 000 kilos, ce qui n'est pas négligeable. Il est probable que les autres années, avant et après la Révolution, l'épeautre était toujours présent, mais les déclarants agissaient selon leurs intérêts, variant d'une année à l'autre, au gré de la réglementation : ainsi, en 1794, on récolte 27 quintaux de seigle, et 6 900 en 1795, l'orge et l'avoine disparaissent de 1796 à 1798... Dans un pays où l'épeautre est l'une des bases culinaires, avec la soupe d'épeautre, en un temps difficile et troublé, alors que cette céréale a toujours survécu dans les périodes délicates, l'épeautre ne pouvait être abandonné.

Preuve en est pour le marché de Sault de l'An III de la République, en 1794, pour le mois de Mai, durant Prairial où l'on enregistre 160 quintaux d'épeautre vendus sur le marché, plus qu'en Apt pour la moisson, il est vrai dans la patrie même de l'épeautre. A Sault, froment, méteil, seigle dépassent à peine l'épeautre : mais comment apprécier des données établies plus de six mois après les récoltes ? A moins qu'il ne s'agisse de grains destinées aux semailles prochaines, pour l'automne ? En ce cas, avec un rendement situé entre 2 et 4 pour un, l'épeautre tiendrait une grande place, pas loin derrière le froment ce qui inquiète les autorités révolutionnaires : « ...la plupart des riches propriétaires, par un vil intérêt et la plus noire perfidie, ne sèment que de l'avoine dans les terres les plus propres à produire du blé », plus loin il est dit « les cultivateurs... ne pourront ensemencer... qu'en blé... si le fond par sa maigreur et stérilité n'est pas susceptible de recevoir cette semence, il ne pourra être semé en avoine, ou en tous autres grains, que d'après une autorisation expresse et par écrit du Conseil général de la Commune où il se trouve situé », fait à Marseille, en l'An II, 1793, de la République.

L'épeautre, cette céréale mal connue, comme l'avoine, le seigle ou l'orge, avec des qualités de poids, des quantités de son variables, ne convient pas à la Révolution qui réclame de la précision : les variations admises sous l'Ancien Régime plus près du monde rural, ne le sont plus. Comme aux temps anciens, l'épeautre redevient une céréale rebelle, insoumise.

Une fois encore, pour des raisons éloignées de la culture de l'épeautre, les relevés de la Révolution ne donnent qu'une image partielle de cette céréale : pour leur survie, les paysans la cachent ou déforment la réalité matérielle. Preuve est faite de son importance pour les gens de ce temps.

De la Révolution française à la Révolution industrielle

Le XIXe siècle semble une période de renaissance de l'épeautre : il n'est, en fait, que dans la suite d'une tradition. On en trouve, répertorié dans le le Dictionnaire de Garcin en 1835, près de Forcalquier à Niozelles et Dauphin, dans la région de Sisteron à Baudiment, au Crestet, à deux pas de Vaison et d'Orange, à proximité des gorges du Verdon. Villeneuve, le Comte-Préfet des Bouches-du-Rhône le signale, en 1826, dans tout le second arrondissement, soit le pays d'Aix, la Sainte-Victoire, la région de Salon et l'Etang de Berre avec un pays où il semble en son sanctuaire, la chaîne de l'Etoile près de Marseille jusqu'à Auriol. Dans les Alpes Maritimes, il apparaît jusqu'en 1869, par la suite, il est enregistré avec le froment. A partir de 1882, les statistiques l'oublient mais on sait qu'il figurait, en culture, encore après 1945.

Vaucluse, Bouches-du-Rhône, Var, Alpes Maritimes, Basses Alpes de l'époque, l'épeautre est partout, toujours en des secteurs définis depuis la préhistoire : montagnes et collines au climat plus rude que les plaines, terres pauvres et caillouteuses. Nul n'a jamais pu l'en déloger. Il fut l'une des céréales primordiales, à la naissance de l'agriculture, il reflua devant les conquérants romains, sauva des générations de Provençaux dans l'insécurité des siècles de fer, fut cultivé en restouble, en place des chaumes au moyen âge, fut objet de commerce ou d'essai agronomique dans le même temps ; il permit la survie, l'amélioration du quotidien jusqu'au XIXe siècle par le jeu avec le fisc et l'astuce paysanne.

Dans ce moment, il s'intègre dans les rythmes des travaux agricoles qui se mettent en place à l'échelle de la Provence entière. A partir de juin, des "soques", composées de deux faucheurs et d'une lieuse, se louent en Arles pour les moissons. Ils viennent des Hautes Alpes, du pays de Sault et remontent, au gré de la maturation des grains, vers leurs plateaux et montagnes où ils rentrent à l'automne pour récolter leurs céréales. C'est septembre ou octobre, le moment où l'on peut engranger l'épeautre.

Fin et renaissance

Rien n'a eu raison de cette céréale, au contraire : les guerres, les invasions, les difficultés l'ont toujours fait apparaître pour ce qu'elle est : une nourriture aisée à obtenir, facile à préparer avec des moyens techniques réduits. La nourriture qu'on en tire, à base de bouillie, de soupe, de galette n'a guère évolué depuis la préhistoire, ce qui en fait sa force.

On pense que le recul contemporain, dans la première moitié du XXe siècle, dans certaines régions du Var, des Bouches-du-Rhône, des Alpes Maritimes, serait lié à la disparition des moulins capables de monder ce grain vêtu, c'est-à-dire de le séparer de sa balle. Le dernier a été noyé dans les eaux du barrage de Sainte-Croix-du-Verdon en 1975. Il est vrai, la difficulté qui résulte de la mort de ces moulins n'a rien arrangé. En 1936, avec la création de l'Office National du Blé, l'Etat proposa le rachat de très nombreux moulins artisanaux, ceux où l'on pouvait travailler l'épeautre. Ils étaient fermés aussitôt : il s'agissait de contrôler une production vitale. L'épeautre était considéré comme marginal.

Mais ce fait ne venait que s'ajouter à d'autres : depuis le Second Empire et la construction des voies ferrées, des routes, les farines industrielles alimentent le moindre village à des prix de plus en plus concurrentiels. Encore une fois, ceux qui s'accrochent à cette culture, sont parmi les plus pauvres qui se maintiennent au bout des terroirs, à l'extrémité des chemins, à la limite de la vie, sur les terres de Giono contournées par le progrès. Ailleurs, on s'en va, on abandonne la terre ou l'on change d'habitudes alimentaires : on consomme des pains modernes, des céréales importées qui viennent à remplacer l'épeautre, comme le riz.

En l'absence de moulin à monder, les irréductibles peuvent pilonner l'épeautre dans un mortier : opération qui permet de libérer le grain, instrument primitif qui suffit pour la préparation du gruau, de la bouillie ou de la soupe. mais les goûts modernes font refluer, encore plus loin, les habitudes ancestrales : les derniers moulins meurent faute de pratiques, pas de place pour un maître Cornille. C'était hier.

Aujourd'hui, parce que rien ne meurt jamais vraiment, l'épeautre se retrouve sur les marchés. Au début, les modernes écologistes, à l'affût, redécouvrent les vertus agricoles et culinaires de l'épeautre. Puis, ce fut le tour des industriels, des gourmets qui surent apprécier le goût, les saveurs, les qualités diététiques de ce produit.

A présent, les meilleures tables de la région des plateaux du Vaucluse, du Luberon font place à l'épeautre en des recettes de plus en plus imaginatives : il n'est plus seulement question de soupe mais de salade, de taboulé, de pâtisserie, de crème d'épeautre, de gratin, de rizotto... L'épeautre est entré dans la gastronomie : il régale sans faire grossir, il contribue aux substituts de repas, devient, au même titre que les vins, les nougats ou les calissons, un mets de vacances qu'on emporte, à la fin de l'été, pour se souvenir et revivre les bons moments.

La rusticité de l'épeautre lui a permis de durer à travers les siècles. Ses qualités, en bouche, l'ont imposé de nos jours. Mais comment oublier, en consommant une frugale soupe parfumée de simples, que depuis des milliers d'années, avec quelques variantes, se répète l'une des préparations primordiales de la cuisine des hommes ?

NOTES DU CHAPITRE : LE CHEMIN DE L'ÉPEAUTRE
[32] SAPPHÔ, *fragment* 50
[33] ATHÉNÉE, *Les Deipnosophistes*, 114
[34] L. DAUDET et CH. MAURRAS, *Notre Provence* ; 1933 ; p. 136
[35] M. JUNIANUS JUSTINUS (IIe siècle ?), *Hist. Philippic.* ; XLIII, 3 sq.
[36] Id. ; traduction sous la direction de NISARD ; 1841
[37] cf. M. DÉTIENNE, *Pratiques culinaires et esprit de sacrifice* ; in : M. DÉTIENNE et J.-P. VERNANT, *La cuisine du sacrifice en pays grec* ; 1979 ; p. 11
[38] cf. J.-P. VERNANT, *A la table des hommes* ; in : ibid., p. 61
[39] HOMÈRE, *Iliade*, V, 341-342 ; traduction MUGLER
[40] P. CHANTRAINE, *Dictionnaire étymologique du grec ancien* ; 1968 ; cf. p. 118 ; aujourd'hui encore, le mot désigne le pain en grec moderne.

Noblesse de grains
Du blé dans les armoiries provençales et comtadines

Bandeau gravé sur cuivre, XVIIIe siècle, tiré de l'ouvrage du Père Anselme, il représente les insignes de la charge de Grand Panetier de France, (voir bibliographie).

En France, sous l'Ancien Régime, on appelle Grand Panetier l'officier du service de bouche de la couronne chargé de veiller sur le pain. Les jours de cérémonie, avec le Grand Echanson, il sert le monarque à table. En outre, il a juridiction sur tous les boulangers demeurant à l'intérieur et hors des portes de Paris. L'office de la Paneterie a toujours été attribué à un personnage de la haute noblesse.

C'est au début du XIIIe siècle, sous Philippe Auguste, que cette charge fut exercée pour la première fois. Louis XIV, par un édit du mois d'août 1711, abrogea la juridiction de ce grand officier.

Le Grand Panetier place au bas de l'écu de ses armes, les insignes de sa charge : la nef d'or et le cadenas, autrefois disposés à côté du couvert du roi.

Jadis, dans la vie quotidienne, la place prépondérante occupée par les céréales et les moissons ne pouvait laisser insensibles les observateurs de la nature. Aussi, rien d'étonnant à ce que les artistes peintres, sculpteurs et ornemanistes s'inspirent de ces graminées, et plus particulièrement des blés, en les symbolisant à leur manière.

De fait, nobles et roturiers n'oublient pas d'adopter les blés dans le décor de leurs armoiries. Les outils des moissonneurs sont également représentés, faux, faucilles, tamis, pour ne citer qu'eux.

Comme nous allons le constater par la suite, les familles provençales et comtadines ne sont pas en reste dans l'interprétation des blés dans les armoiries.

AMBEL (Dauphiné - Comtat-Venaissin)
Armes : d'or, au moulin à vent de deux tours, la dextre plus élevée est carrée, la senestre est couverte ; entre les deux, une porte de sable ; posé sur un tertre de sinople, et brochant sur des ailes de gueules.

AZEGAT (Provence)
Armes : d'azur, à un chevron d'argent, accompagné en chef de deux épis de blé d'or, et en pointe, d'un lion naissant du même, lampassé de gueules.

BERNE (Aix-en-Provence)
Armes : d'azur, à trois épis de blé d'or.

BLEGIER (Aix-en-Provence)
Jean Blégier fut assesseur d'Aix en 1645.
Armes : d'azur, à trois épis de blé d'or, posés un en pal et deux en sautoir ; au chef d'argent, chargé de trois étoiles de gueules.

CHAMBON (Marseille)
Rodolphe Chambon fut 2e échevin de la ville de Marseille, 1787-88.
Armes : de gueules, à une gerbe d'or, accostée de deux épis courbés du côté des flancs, tigés et feuillés du même ; au chef cousu d'azur, chargé de trois étoiles d'or.

CREISSEL (Provence)
Pierre Creissel fut conseiller au Parlement de Provence en 1694.
Armes : de gueules, à deux lions affrontés d'argent, soutenant entre leurs pattes un croissant du même ; au chef cousu d'azur, chargé de trois gerbes de blé d'argent.

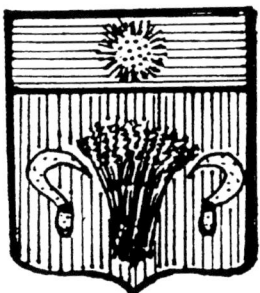

ESTIEU (Marseille)
Armes : de gueules, à une gerbe de blé d'or, accostée de deux faucilles du même ; au chef cousu d'azur, chargé d'un soleil d'or.

GARNIER (Cassis - Marseille)
Armes : d'argent, à trois épis de blé de sinople, poussant d'une terrasse du même ; au chef de gueules, chargé d'un soleil rayonnant d'or.

JAVELLY (Comtat-Venaissin)
Armes : d'azur, à deux gerbes liées, posées en pal, surmontées d'une étoile, le tout d'or.

MAURE (Marseille)
Alexandre Maure fut assesseur de la ville de Marseille, 1664-65.
Armes : d'argent, à un arbre de sinople, accosté de quatre épis de blé tigés et feuillés du même, deux de chaque côté, accompagné d'une étoile de gueules au canton dextre du chef, et d'un quart de soleil du même, mouvant de l'angle senestre du chef.

MICHEL (Marseille)
Armes : d'azur, à une gerbe de blé d'or, liée de gueules ; au chef cousu du même, chargé de trois étoiles d'or.
Timbre : une couronne Comtale.
Supports : deux lions, celui de dextre couché, celui de senestre accroupi.
Le tout repose sur une console.

PANISSE (Comtat-Venaissin - Provence)
Claude Panisse fut conseiller au Parlement de Provence en 1543.
Armes : d'azur, à douze épis de gros blé d'or, posés 6, 4, 2.

PIOLENC (Comtat-Venaissin - Provence)
Honoré-Henry de Piolenc fut Président à mortier au Parlement de Provence en 1702.
Armes : de gueules, à six épis de blé d'or, posés en pal, 3, 2, 1 ; à la bordure engrêlée d'or.

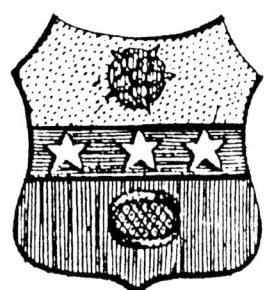

TAMISIER (Comtat-Venaissin)
Armes : coupé : au premier d'or, à une rose de gueules, à un tamis d'or ; une fasce d'azur chargée de trois étoiles d'argent brochant sur le coupé.

THOMASSIN (Famille établie à Aix dans la seconde moitié du XVe siècle)
Jean-Estienne de Thomassin fut Président à mortier au Parlement de Provence en 1705.
Armes : d'azur, à une croix écotée d'or ; chargée d'un écusson de sable semé de faux d'or, adextré et senestré d'argent.

TUZELI (Marseille)
Armes : d'azur, à trois épis de blé d'argent, mouvant d'un croissant du même.

Le Ventoux, patrie de l'épeautre.

Le travail de l'épeautre

Du grenier à la terre

Dès la naissance de l'agriculture préhistorique, le petit épeautre fait partie d'un système d'apparence organisée. Les carpologues considèrent qu'il est la preuve de la diversification et du perfectionnement de véritables plans de culture à la conquête de nouveaux territoires à cultiver. L'épeautre, capable de pousser sur des terres pauvres, caillouteuses, montre qu'il y avait juxtaposition dans l'espace de diverses sortes de blé selon les qualités des sols. Chaque quartier du terroir étant, très tôt, mis en valeur selon ses possibilités, en fonction de l'exposition, des climats, du potentiel de fertilité…

Ces manières vont se perpétuer jusqu'à nos jours, puisque le paysan de l'épeautre, aujourd'hui, refuse, dans presque tous les cas, l'usage des produits chimiques. Ce refus étant lié à la nature et à la destination du commerce moderne de l'épeautre : l'argument principal étant la préservation des avantages biologiques et nutritionnels de ce grain en l'absence d'engrais, pesticides et autres.

Aussi, à l'étude du passé, trois plans de culture apparaissent.

Le premier a été utilisé sur des champs aux capacités agricoles ordinaires. On a pu y voir des rotations de culture où, après le froment, était semé de l'épeautre sur les "restoubles", c'est à dire sur les chaumes de la récolte précédente. On parle de "guéret d'hiver" car les semailles y sont tardives, ce qui est possible avec l'épeautre que l'on peut semer jusqu'à la Toussaint, parfois plus tard. Cet exemple apparaît sur les terres appartenant aux Hospitaliers de Jérusalem à Lardiers de Lure, pendant le XIVe siècle. Mais aussi dans les environs d'Aix durant la même période, à Mimet, Eguilles, Rognes, Saint-Cannat, Cabriès, Rognac… pour des rotations sur trois ans et où l'épeautre s'intercale sur la jachère. Considéré avec un certain mépris, cet assolement est la preuve non pas tant de la pauvreté de l'épeautre, que d'une adaptation et d'un souci de mise en valeur idéale. Ne rien vouloir perdre des possibilités offertes par la nature, entraîne à cette culture sur des champs affaiblis par la moisson précédente : mais alors, on sème plus lâche, moins serré afin que l'épeautre trouve assez de nourriture. Simplement, le grain sera plus petit, le rendement plus léger : il laissera, après moisson, de quoi nourrir les moutons jusqu'au labour prochain qui enfouira, comme engrais vert, le pied, encore dru, de l'épeautre. Ainsi, dans ces jachères triennales [41], loin de laisser la terre à l'abandon douze mois entiers, on pouvait intégrer des plantations diverses, dont l'épeautre, qui évitait les années mortes.

Le second plan se pratique sur des champs de plus faible fertilité mais encore intégrés à l'organisation agraire. Dans une rotation biennale, on trouvait l'avoine et l'épeautre, deux céréales pauvres mais, avec les gruaux, aux usages alimentaires assez proches dans l'économie domestique du temps : on est dans la Haute Provence vers Digne, Volonne, Barcelonnette entre 1800 et 1850. Il est probable qu'avant et après, ces pratiques existaient aussi. Une année, la terre portait l'avoine, la seconde, l'épeautre. Les meilleurs sols étant occupés par le froment puis les légumes, d'autres étaient soumis à une jachère totale. On peut envisager, comme il se pratiquait vers Aix au XIVe siècle, une sorte de méteil d'avoine et d'épeautre [42] : la première, avec ses tiges résistantes, pouvait permettre au second d'éviter la verse, la cassure ou la perte de l'épi. Le tri étant réalisé, ensuite, à la main, comme il se pouvait à la veillée et avec une main-d'œuvre gratuite d'enfants ou de vieillards.

Le troisième, à l'extrême limite des terroirs, juste avant la garrigue, la forêt ou la pierraille, là où le paysan doit déployer tous ses talents pour survivre, existent d'ultimes champs d'épeautre. On y trouve plus de pierres que de terre mais si on ne violente pas cette dernière, elle peut nourrir un grain qui devient gros et excellent : un épeautre de très grande qualité, certains disent le meilleur pour la fameuse soupe parce que « l'épeautre doit être semé dans un four » déclarait Monsieur Dromel Père, de Monieux. Ces *espeoutiera* ou champs ensemencés d'épeautre selon le dictionnaire d'Honnorat de 1846 (nommés *espeutiero* chez Mistral), car rien d'autre ne pouvait venir, avec leurs caillasses chauffées par le soleil, emmagasinaient cette chaleur qu'elles offraient pour favoriser germination et croissance à l'épeautre. C'est le champ qu'on imagine d'ordinaire.

Il n'était mis en culture que tous les trois, quatre ou cinq ans, selon un rythme pas forcément régulier, avec un défrichement partiel qui pouvait laisser quelques arbustes ou buissons. Ainsi, l'érosion en était amoindrie, la possibilité d'échapper à certaines taxes augmentée : on indique à Trans dans le Var, au XVIIIe siècle, le droit de ne pas régler le "dixième des grains" moissonnés sur les "incultes" quand on y pratiquait des cultures occasionnelles sans ôter, sur ces écarts, la végétation naturelle.

Dans l'intervalle de ces années, les moutons et les chèvres venaient, se nourrissaient des herbes qui, ainsi, n'envahissaient pas l'*espeoutiera* tout en fumant le sol de leurs déjections. Quand la terre semblait prête, après un léger labourage à l'araire, elle recevait une semence clairsemée : il n'était pas utile de semer dru pour les pierres qui encombraient l'espace. A vouloir trop bien faire, des concentrations inutiles de grains se seraient produites sur une terre qui n'aurait pas pu nourrir, à suffisance, chaque épeautre. Le paysan devait avoir main légère et doigté subtil. La récompense était toujours magnifique : l'épeautre splendide avec ses grains massifs, très onctueux dans la soupe où ils se fondaient en une crème délicieuse.

LE TEMPS DES TRAVAUX

Le choix de la semence n'a guère évolué depuis des siècles. Si on ne la sélectionne pas, il existe un vieux principe : il est préférable qu'elle vienne d'une terre plus maigre que celle où elle va être répandue. Il est clair qu'une *espeoutiera* pouvait servir, à l'occasion, de réserve à semence pour d'autres champs.

Après moisson, on réalisait le nettoyage à la main, afin d'éliminer les pailles, les mauvaises graines de nielle ou d'ivraie... Mais on conservait l'épeautre avec ses peaux pour la meilleure préservation qu'on en avait et pour les semailles en terre. Aujourd'hui, cette opération s'effectue au tarare et au "trieur à alvéoles". Mais depuis toujours, le paysan mesure la qualité de son grain sous la dent : s'il résiste, c'est qu'il est bon.

Semer était un art. Dans la pièce de tissu, une mesure d'épeautre, de sa main droite l'homme répandait, selon un cercle, la semence en rabattant sa main jusqu'à l'épaule gauche, puis il prenait une nouvelle poignée et recommençait, toujours, en rythme avec le pied droit. De nos jours, le travail est fait au semoir mécanique, il est plus régulier et en ligne. Autrefois, tout dépendait de l'habileté du paysan. Dans l'*espeoutiera*, il avait la main légère, de même quand il allait sur les "restoubles" : 30 à 40 kilos suffisaient pour un hectare quand un paysan moderne sème 80 kilos à l'hectare et parfois plus. Avec un épeautre plus serré, et si on lui apporte quelque engrais naturel, il occupera toute la surface, empêchant toute herbe de pousser : plus aucun traitement contre les plantes adventices n'est nécessaire, d'autant plus que l'épeautre a des pieds puissants qui diffusent bien et tiennent l'espace. Autrefois, avec des semailles plus légères, il fallait sarcler, travail des femmes ou des enfants, avant que les mauvaises fleurs, les chardons n'envahissent et ne se fortifient. Il fallait se méfier très fort des pluies chaudes de juin qui engendraient la croissance des plus méchantes des herbes : elles arrivaient à pousser plus vite que l'épeautre. Avril, mai et juin exigeaient cet ouvrage, peu glorieux mais indispensable, qui fournissait d'ailleurs du fourrage pour le bétail. Mais quand l'épeautre était assez vigoureux, il savait empêcher la pousse de ses ennemis, d'ailleurs, pour sa maturation, il était exigeant. On dit que l'épeautre ne peut se semer deux fois de suite au même endroit. Après lui, rien ne vient, en tout cas dans l'*espeoutiera*, si ce n'est de l'avoine ou du fourrage car il nettoie et appauvrit le sol afin de bien nourrir son grain en protéines ou lipides : ceci peut expliquer la recommandation de semer léger dans le passé. Ainsi, il purifiait la terre en affamant les mauvaises graines, sans épuiser le sol où pouvait être répandu le froment.

Mais la règle était que l'épeautre devait rester un an en terre : on le semait avant les autres, dès le début de septembre dans certains cas, pour ne le moissonner qu'après les autres céréales, en août. C'était la meilleure manière qui donnait ce bel épeautre pour des soupes délicieuses que l'on a dit appréciées même à des tables bourgeoises.

Le livre de l'épeautre

Monieux, capitale de l'épeautre.

Moisson d'août

Dans le passé, on la faisait à la grande faucille, proche de celle avec laquelle on récoltait, il y a peu, la lavande. La faux n'était pas utilisée pour deux raisons. D'abord, pour la résistance de la tige : le choc n'aurait produit que la chute des grains. Avec la faucille, on rassemblait les têtes à la main, on les immobilisait, puis l'outil cassait, autant qu'il coupait, l'épeautre près du sol : on ne perdait rien. De plus, dans l'*espeoutiera*, avec l'abondance des pierres, la faux aurait frappé et se serait abîmée. Le bon geste, à la faucille, réclamait que l'on plie le bouquet d'épeautre avant de le trancher.

Le meilleur moment pour moissonner était le matin quand tige, épi et grain étaient assez humides pour adhérer l'un à l'autre, mais pas trop, au point que s'il avait plu ou si la rosée était trop importante, il fallait attendre que le soleil ait

Le travail de l'épeautre

Labour dans une "épeautrière".

Promesse d'épeautre…

séché le tout. L'après-midi, à sec, le risque d'égrener les épis grandissait avec la chaleur : il fallait travailler avec précaution. Comme pour le blé, il y avait des équipes : le "faucheur" en tête qui avançait poignée après poignée. En arrière, le ramasseur qui formait une gerbe en groupant trois à quatre paquets capables de bien tenir, quand l'épeautre était frais, avec un simple lien d'herbe. Ensemble, ils venaient à bout d'un hectare en un à deux jours. Puis, on construisait les gerberons pour que le soleil fasse suer le grain : éviter ainsi toute germination, en même temps achever une maturité parfois incomplète. Ces gerberons d'épeautre étaient construits plus petits que ceux du froment et restaient moins longtemps sur les champs : sans doute l'épeautre étant moissonné plus mûr.

Aujourd'hui, les machines sont venues, faucheuses, lieuses, moissonneuses avec tracteurs, comme pour le blé. Mais les champs reculés, les *espeoutiera* ont dû être abandonnés.

Aujourd'hui, les rendements vont à 15 ou 20 quintaux par hectare, loin de ceux du blé, une garantie de la nature biologique de cette culture, une assurance pour ses qualités et ses saveurs.

DE LA TERRE À L'AIRE

L'ouvrage suivant était le dépiquage ou battage du grain. Il suivait assez vite la moisson pour permettre un complément de maturité, mieux assuré en tas dans le grenier qu'en épis dans la grange. De plus, la semence, prise sur la récolte et traitée tôt après, était meilleure pour l'année à venir.

Il n'y avait pas d'aire de battage propre à l'épeautre qui utilisait celle des blés. Il en existait à dallage de pierres ou simplement en terre battue obtenue par compactage, au rouleau de pierre, d'argile mouillée : ce qui permettait d'éliminer sables et cailloutis, graviers au moment du ramassage des grains. Des rumeurs parlent de sang de bœuf et d'huile, de déchets de moulin à olives répandus sur ces espaces pour en boucher les fentes : on aurait pu y perdre de l'épeautre ou bien, elles auraient pu servir de refuge à des insectes divers dont la fourmi. A moins qu'il ne s'agisse d'un moyen pour se débarrasser de prédateurs capables d'emporter le grain en leur tanière : on cite « Messor Barbarus », la fourmi moissonneuse. Il paraît plus probable qu'on soit en présence de rites païens, de survivances liées à des sacrifices ou à des libations offerts à Dieu pour qu'il protège le travail. De toute façon, le peu qui s'enfonçait dans les entailles, les criblures, était récupéré par balayage, envoyé à moudre ou vendu pour la volaille.

Venait alors l'ouvrage au rouleau de pierre : il était taillé dans le matériau dont on disposait, du calcaire. La forme en était tronconique : la face la plus grande, disposée vers l'extérieur, permettait, au moment de la traction, une progression lente vers le centre. Lorsque le rouleau parvenait près du piquet central, on sortait le tourniquet fixé sur le mât, on le retournait et l'animal, repartant en sens inverse, ramenait le rouleau vers le bord de l'aire.

L'outil était sculpté de cannelures qui conduisaient le grain vers l'extérieur, une fois expulsé de l'épi. C'était une technique lente qu'on tenta d'améliorer. Il a été trouvé à Vidauban, dans le Var, utilisés jusqu'au XXe siècle, des rouleaux à dépiquer en bois et munis de chevilles en excroissance : ils servaient à battre les grains vêtus dont l'épeautre. Ils étaient taillés beaucoup plus longs que ceux de pierre (1,80 m. contre contre 0,70 m) avec un plus grand diamètre, dans du chêne avec les chevilles en cade ou genévrier : la dureté de cet arbre entraînait qu'elles mordent davantage et faisait sauter le grain hors de l'épillet. Il ne fallait pas l'écraser en farine sous peine de perdre de la nourriture. Souvent le rouleau à chevilles passait après celui en pierre pour améliorer le travail qui durait, pour une airée complète, une demi-journée et en continu.

Ensuite, on secouait la paille à l'aide de la fourche en micocoulier, à la fois légère et solide. C'était un premier vannage qui permettait d'éliminer une bonne partie des tiges, débris et déchets inutiles. D'autres suivaient.

Cette manière de dépiquage réclamait des attelages que tous n'avaient pas. Pour les plus pauvres ou pour ceux qui ne disposaient pas de grosses récoltes, ou encore, quand on voulait échapper aux taxes perçues par le fermier communal ou le fisc, existait le terrible travail au fléau.

Après, les pailles pouvaient servir de litière au bétail. De nourriture aussi quand on avait pris soin de les séparer de l'épi dont les barbes dures entraient dans les gencives des animaux et les empêchaient de manger.

Le labeur ne faisait que commencer.

DE L'AIRE AU MOULIN

Une multitude d'opérations suivait.

Autrefois, il fallait débarrasser le grain de ses impuretés et en faire le tri : le crible, en peau de porc, le permettait par tamisage. Les derniers débris devaient être ôtés, avec soin, quand il s'agissait de sélectionner les semences. Aujourd'hui, avec des machines plus ou moins évoluées, on passe par les tarares : ils apparaissent, en Provence, vers 1843, et procèdent par une mise en mouvement des grains due à une force mécanique d'origine humaine, ou électrique. Un ventilateur à pales de bois produit un courant d'air qui chasse les résidus les plus légers. On travaillait, dans le passé, dans un nuage de fins déchets qui, avec la chaleur, se collaient à la

Vérifier l'archure, la mécanique, pour une belle mouture.

L'épeautre vêtu…

L'épeautre à demi-nu…

L'épeautre dévêtu…

peau sans qu'on puisse s'en défendre sauf avec l'eau d'un baquet dont on s'aspergeait de temps en temps.

La seconde opération pour obtenir l'épeautre met en action le trieur à alvéoles : les mauvaises graines d'ivraie, de nielle ou autre, de poids ou de volume voisins de l'engrain, sont éliminées et l'on peut décortiquer.

Le travail de l'épeautre

L'épeautre, grain vêtu, a une triple enveloppe très solide, malaisée à enlever : cette difficulté est, pour la plupart des historiens, la raison essentielle de son recul. D'autres facteurs jouent, on l'a vu. Mais il est vrai que l'épeautre offre une résistance peu commune. Dans le passé, dans la préhistoire et sans doute plus récemment, on utilisa des sortes de grilloir où la céréale, soumise à un léger feu, était brûlée en surface. Les peaux disparues, l'engrain pouvait être transformé.

D'autres procédés sommaires ont pu exister : le pilon et le mortier pour de petites quantités et quand on ne craignait pas de laisser des déchets qui se mêlaient à la nourriture. Le système du pilon pouvait se combiner, d'ailleurs, avec une légère torréfaction.

Mais la technique la plus répandue et la plus efficace était dans la mise en œuvre d'un moulin à monder ou à égruger l'épeautre. Deux technologies existaient. La première, sans doute la plus ancienne, utilisait les meules horizontales des moulins à blé ordinaires : il suffisait d'écarter la "gisante" de la "tournante", assez pour que l'épeautre puisse, par rotation des meules, être dévêtu ou "blanchi" mais sans être broyé en farine. C'était difficile, car malgré l'existence de "boîtes" pour équilibrage situées sur le dessus de la "tournante", les meules ne se meuvent jamais de manière parallèle : une partie des grains étaient écrasés quand d'autres n'étaient pas même touchés.

Le véritable égrugeoir, qui pouvait servir aussi pour l'orge ou l'avoine, se trouvait encore au XIXᵉ siècle dans de petits moulins ruraux qui avaient cette spécialité. La meule ou rouleau à cannelures, assez petite pour ne pas trop peser, dont la position est réglée sur l'arbre central qui sert d'axe de rotation, fonctionne, cette fois, à la verticale. Elle parcourt, avec lenteur, son "chemin de pierre", à l'effleurer, pour

Des produits délicieux :
du grain, à la farine.

CROQUIS SUPPOSÉ DU ROULEAU À DÉPIQUER

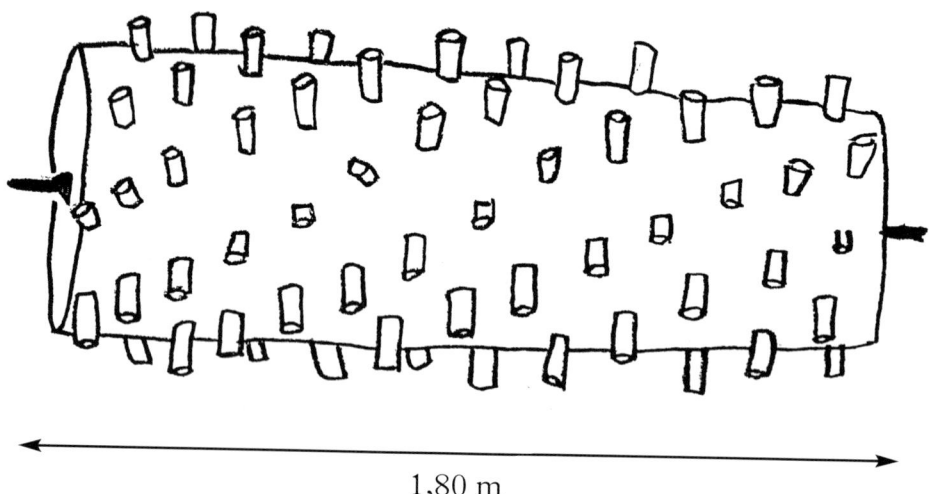

1,80 m

LES GRAINS VÊTUS (ÉPEAUTRE...)
Bois de chêne vert - Chevilles de cade (genévrier)
(in, *"Le dépiquage des céréales dans la commune de Vidauban, Var, au siècle dernier et au début de ce siècle"*, opus cité.)

expulser l'épeautre de son enveloppe mais sans le briser ou le déchirer. Le système, dans son aspect, ressemble à un moulin à détriturage pour les olives. Longtemps, ces meules dont il a été découvert des exemplaires sur des sites archéologiques de l'Antiquité, ont été confondues et attribuées à la production de l'huile. Ce n'était que des égrugeoirs pour les grains vêtus, pour l'épeautre. On dit que la dernière installation a disparu en 1975, dans le lac de retenue de Sainte-Croix du Verdon.

Le mondage n'était pas complet, il restait toujours de l'épeautre avec ses peaux. Il fallait vanner, trier au crible et remettre le refus à égruger. Dans les installations artisanales, aujourd'hui, le mondage s'effectue à la "décortiqueuse" qui ôte la première peau, ou balle. Cette "menue paille" servait, parfois, à nourrir le bétail, non sans la rendre plus douce par trempage. Elle avait, aussi, la vertu de faire mûrir et de conserver les fruits qu'on lui confiait. L'épeautre, ainsi obtenu, repasse au tarare, puis une seconde fois au trieur à alvéoles afin de séparer l'engrain décortiqué de celui qui ne l'est pas encore : selon une proportion de 70 % et 30 % à peu près. Ces derniers retournent à la décortiqueuse, au tarare, au trieur jusqu'à obtenir un grain propre, entier puisque le trieur à alvéoles élimine les grains cassés, les brisures.

Il est évident que le travail de l'épeautre, le mondage, réclame un effort considérable, d'une certaine manière, complexe. Il exige une grande application, une technique, un tour de main, du temps. On dit que le traitement complet, jusqu'au "blanchiement" ou "glaçage" de la dernière peau, s'effectue au rythme de 15 kilos à l'heure dans une petite installation de campagne. Les usines ont repris ces gestes en les modernisant, en respectant le processus général.

Autrefois et en dépit des efforts à fournir, la farine d'épeautre coûtait moins cher que celle du froment et les moulins capables de réaliser le traitement de l'épeautre, étaient très nombreux : rien qu'entre Aurel et Monieux, sur la Nesque, dix-sept moulins tournaient sur dix kilomètres, selon la carte de Cassini au XVIIIe siècle. Dans la fameuse combe de Véroncle sur environ quatre kilomètres, on en compte une dizaine jusqu'à la fin du XIXe siècle. Ils avaient tous la possibilité de traiter l'épeautre, au moins à l'aide de meules horizontales, à moins qu'ils aient fonctionné en complémentarité technique les uns avec les autres, chacun réalisant une partie de l'ouvrage, achevé plus loin. Il le fallait bien puisque l'engrain se retrouve dans les plans de culture de presque toutes les communautés villageoises de cette Provence de collines et de plateaux, de Murs en Luberon, à Sault du Ventoux et plus loin vers Lure…

Et le rôle de ces moulins est d'autant plus essentiel qu'ils ont pour mission, non seulement de produire de la farine, mais, au préalable, d'égruger ou de monder l'épeautre. De plus, ces installations nombreuses étaient très souples dans leur utilisation, capables de s'adapter à la demande : on pouvait passer du mondage au broyage, sans difficulté, en raison de l'habileté de ces paysans-meuniers.

Des lois fatales

Le 3 octobre 1935, un décret-loi du gouvernement Laval, confirmé par le Front Populaire, aboutissait à la création de l'Office National du Blé. Il prévoit de contrôler les quantités de céréales produites, leur prix et la création de silos de stockage, des coopératives pour le blé. Il faut dire qu'avec la crise de 1929, les prix baissent, par mévente, dans toute la France et que les organismes d'Etat se multipliaient déjà depuis quelques temps : Chambres d'agriculture entre 1924 et 1926, Office National du Crédit à partir de 1920 et 1926... L'élargissement du marché agricole à la France entière, son ouverture vers le monde le réclamaient sans doute. Mais c'est l'habitude en la matière, ce qui est bon pour un produit ne l'est pas pour un autre. Les différents gouvernements doivent moderniser, faire face à la dépression économique, assurer le ravitaillement en blé pour le pain. La défense de l'épeautre n'est pas leur souci, peut-être même en ignoraient-ils l'existence !

Il fallait s'assurer du marché des céréales, le régulariser à la fois pour garantir des revenus aux paysans et permettre le ravitaillement. L'une des mesures de l'Office est le rachat des moulins ruraux. Les agriculteurs du reste de la France, en particulier les grands céréaliculteurs, sont d'accord. Les propriétaires des moulins, devant les belles conditions financières qu'on leur consent, sont d'accord. L'Office ne les a achetés que pour les fermer tout de suite afin de créer une minoterie moderne et un monopole facile à contrôler.

Après, il ne reste que quelques obstinés, pour s'acharner à s'occuper de l'épeautre : l'un d'entre eux, au pied de Sault, permettra la survie de cette culture jusqu'après la seconde guerre mondiale. Certains producteurs vont tenter d'utiliser les services des moulins à huile ou encore iront réclamer le concours des usines à "glacer" le riz en Camargue. Mais ce n'est pas rentable : ces clients sont bientôt refusés. La plupart des paysans de l'épeautre abandonnent pour ne plus pouvoir disposer d'une chaîne de traitement complète.

D'ailleurs, dès la fin du XIXe siècle, les farines de blé à bon marché venues des moulins industriels, transportées aisément jusque dans tous les villages, avec l'introduction d'une boulangerie moderne et surtout nouvelle, avaient ébranlé l'épeautre.

Malgré tout, le paysan de l'épeautre n'abandonna jamais sa céréale. On trouva des solutions de remplacement, des palliatifs, on se débrouilla, comme toujours et l'épeautre réussit à survivre.

Aujourd'hui, sa culture recommence dans les pays du Ventoux. D'abord parce qu'à la vente, il est mieux rémunéré que le blé ce qui compense ses rendements moindres. Ensuite grâce à la présence d'une usine de traitement installée près de Sault. Voulue par le Conseil Général du Vaucluse, dans les années 80, pour revivifier l'agriculture régionale, cette unité de transformation céréalière est unique en

DE LA BOUILLIE À LA SOUPE AU BÂTON

Bouillie, soupe et galette, à l'origine de la cuisine provençale

L'homme de la préhistoire ne se nourrissait pas seulement de viande crue déchirée à pleine bouche comme on le présente souvent. Les repas étaient déjà très diversifiés grâce, à la fois, à la connaissance profonde de milieux dans lesquels Cro-Magnon évoluait, mais aussi en raison d'une volonté réfléchie, d'une conscience qui le poussait à manger mieux. Pour tout dire, à cuisiner. Il aurait pu mâchonner simplement des graines mûres ou en vert : il se serait nourri, empli et n'en aurait tiré aucun plaisir.

Si l'on examine, d'après les analyses de pollens ou de graines, de restes carbonisés, les vivres des hommes de Fontbregoua dans le Var, il y a grande diversité. Les sauvages offrent les feuilles de la nielle, le fruit de la vigne, les gousses à trois ou quatre graines de la gesse, le rhizome consommable du scirpe, les noisettes, faînes cuites à l'eau ou grillées, les prunelles douces après les premières gelées, les poirasses, les ronces…, rien que pour l'automne. Il y a les merisiers, les carottes blanches, la renouée dont on mange feuilles et graines, l'oseille, les nombreuses herbes : la mâche, la chicorée, la bardane, la laitue, même les graines oléagineuses du pavot utilisées comme condiment. Et encore les fraises, les racines du panais, les pommes, le plantain…

Avec la paléoagriculture, on voit apparaître, dès le VIIe millénaire à Fontbregoua, les grains ramassés par simple sélection dans des prairies naturelles et, bientôt, favorisés par semailles volontaires : ce sont les blés tendres que l'on moissonne avec le chaume, l'amidonnier et l'engrain, ou petit épeautre, que l'on récolte très près de l'épi. On trouve aussi l'orge nue cultivée que, déjà, on fait fermenter en des vases pour en obtenir de la bière alcoolisée.

Des préparations à base d'épeautre furent sans doute, avec d'autres, à l'origine des premiers plats imaginés par l'homme, dès le néolithique, au moins depuis le VIIe et le VIe millénaires. C'est d'ailleurs un argument publicitaire utilisé, aujourd'hui, par les marchands d'épeautre. La créativité en ce domaine est précoce : on a vu l'orge et la bière. On sait que les graines de pavot pouvaient recouvrir des galettes et on connaît les capacités de ce produit : était-il utilisé comme stupéfiant alimentaire en certaines circonstances ?

Les modes de préparation sont déjà tous en place : du grillé, en passant par l'étouffée avec des œufs enveloppés dans de l'argile, au bouilli et à la soupe. Toute une technologie se développe pour permettre la consommation du petit épeautre ou des autres céréales. Le bouilli est la première. Technique primordiale qui va se perpétuer presque jusqu'à nos jours et atteindra même ses lettres de noblesse lors d'une dispute entre Louis XIV et son frère : « le roi voulut arracher l'assiette, la poussa et jeta quelques gouttes de bouillie sur Monsieur… Cela le dépita, il ne fut pas maître d'un premier mouvement et jeta l'assiette au nez du roi », nous conte Madame de Montpensier dans ses Mémoires.

Un simple récipient convient où l'on mêle les graines avec de l'eau : un mortier de bois suffit ensuite pour obtenir une pâte épaisse, une pâtée. La chauffe était alors obtenue par utilisation de pierres chaudes : des galets de quartzite, réfractaires au feu, placés dans le foyer, emmagasinaient de la chaleur. Il étaient jetés ensuite dans la préparation qu'ils portaient à ébullition, très vite. Puis, pour maintenir la cuisson, on en rajoutait un de temps en temps. Les récipients pouvaient être d'écorce fraîche ou en peau, telles les outres, et encore en argile.

Mais la balle de l'épeautre, si bien accrochée au grain, était présente en cette pâtée grossière. Un meulage léger pouvait permettre de s'en débarrasser, puis un vannage. Mais plus aisément, les hommes du néolithique, en tout cas ceux de l'âge du fer, au moins dès le IIe millénaire, ont pratiqué le brûlage de cette enveloppe. On a découvert de véritables soles de grillages, avec des rebords, sur lesquelles on jetait l'épeautre, des braises : le tout mélangé, suivi du vannage, laissait l'engrain prêt à la cuisine [43]. Selon les mêmes manières que pour la pâtée précédente, on obtenait une excellente bouillie. L'avantage de cette façon réside en ce que l'épeautre, ainsi torréfié, n'est plus utilisé comme semence mais se conserve très bien et n'attire même plus les rongeurs. Il est alors simple, avec une meule et un broyeur dont on a retrouvé de multiples vestiges, de fabriquer une farine plus ou moins fine selon la préparation envisagée. Un broyage moyen permet d'obtenir un gruau ou une bouillie ; si l'on recherche la fabrication de galettes, il faut un travail plus fin. Dès le néolithique moyen, comme à Fontbregoua, ces meulages existent : la confection des galettes aussi. Peu à peu, avec la torréfaction, elles s'améliorent : mais que les grains soient réduits en farine ou concassés, le goût des hommes est déjà raffiné. On ajoute des raisins, frais ou secs, des fruits pour leur sucre et leur parfum, on les saupoudre, on les met en forme dans des vanneries dont on retrouve les traces sur des restes carbonisés. On les cuit sur des pierres plates, chauffées au feu, ou sur des plaques rocheuses découpées. Et voilà de quoi accompagner quelque pièce de viande issue de la capture ou de l'élevage.

Toujours aux origines de cette cuisine où l'épeautre a sa place, sont les soupes. L'adjonction de morceaux de viande et d'aromates qui n'ont jamais manqué dans nos collines, de légumes aussi – il y a l'ers ou lentille, la gesse ou vesce qui grandit avec les céréales, la carotte blanche et le panais, les herbes – a pu compléter l'ensemble. Leur mariage se faisait par ébullition prolongée et réduction des bouillons : une pierre de quartzite tirée du feu et rajoutée de temps en temps suffisait. A la fin, pour parachever et rendre la soupe plus onctueuse et liée, on versait de la farine, et pourquoi pas, un peu de lait ou même de sang. Quant à la farine, si elle pouvait être de blé ou d'amidonnier, elle pouvait être d'épeautre pour les goûts et saveurs de cette céréale, supérieurs à ceux des autres graines : il s'agissait d'enrichir cette soupe de parfums divers.

Quant à prouver ou à combattre ces descriptions ? Les découvertes des préhistoriens se multiplient et convergent vers elles. L'idée que l'on se fait de l'Homme aussi : si certaines recettes primordiales n'ont laissé que peu de traces, celles qu'on a eu la chance de mettre à jour jusqu'ici, et qui sont de plus en plus nombreuses, prouvent toutes que nos ancêtres ne se sont jamais contentés de mâchonner, sans aucune joie, des nourritures mornes et tristes. Bien au contraire, dans la cuisine, ils imaginèrent toujours plus avant et sans relâche.

L'épeautre, à travers bouillies, soupes et galettes, très tôt, est entré en cuisine pour n'en plus sortir.

Pain de Dieu, pain des hommes : épeautre et civilisation

Manger, dans les civilisations agraires évoluées, ne manque pas de marquer l'appartenance sociale de l'individu et d'avoir une signification religieuse. Tel produit, tel plat, n'est servi qu'en l'honneur d'un invité ou, pour sa charge symbolique, à propos d'une fête religieuse.

Le petit épeautre n'échappe pas à cette règle. Tant que les vivres sont rares, difficiles à obtenir et qu'il faut se contenter de ce qu'on a sur place, l'engrain est consommé comme le reste, sans hiérarchie apparente ou connue. On voit bien les Grecs, affamés de grains, capables de confectionner des pains de toutes les sortes et à partir de n'importe quelle farine : il y va de leur survie.

Avec Rome, les choses changent. Si les Romains connaissent l'amidonnier, le froment et même l'engrain, ils s'empressent d'abandonner ce dernier. Puis ils relèguent l'usage du premier à des préparations rituelles, après l'avoir, durant des siècles, apprêté en bouillie pour nourrir le peuple. Quand les conquêtes de "riches greniers à blé" sont assez importantes pour fournir de la farine de froment en suffisance, le pain de froment devient l'aliment de base de la plèbe et l'un des symboles de l'alimentation romaine avec les légumes, l'huile et le vin : dès le premier siècle avant Jésus-Christ.

La période barbare, celle du haut moyen âge verra le retour ou la résurgence du petit épeautre. Sa rusticité, ses qualités, permettront de contribuer à la sauvegarde des communautés provençales éperdues et menacées.

Entre le Ciel et la Terre

Quand, avec la sécurité, une relative opulence revient, le choix est, à nouveau, possible. S'il y a de quoi dresser sur une table ou dans un festin, il s'agit de décider ce qui est digne d'y figurer : il faut donner une signification aux aliments afin d'honorer les nobles convives et montrer leur importance et leur rang. Au contraire, les roturiers doivent consommer des vivres de basse extraction selon un ordre inspiré et voulu par Dieu.

C'est au moyen âge, durant le XIII° siècle, que s'organise une classification cohérente des nourritures, selon la théologie et d'après la volonté divine comme il se doit pour une société pétrie par la religion : du moins, personne n'en doute en ce temps.

L'ordonnance des végétaux ou des animaux comestibles selon une hiérarchie commandée par le Ciel, est d'abord celle de la nature : on donne une valeur symbolique à la position occupée par le futur aliment par rapport au sol. Et comme Dieu a créé et voulu toutes choses…

S'il s'agit, dans une plante, de manger la racine ou le bulbe, comme avec une carotte ou un navet, le produit, réputé éloigné de l'Esprit de Dieu car souterrain, loin du ciel, est sans noblesse : il entre, de préférence, dans la nourriture des vilains et des paysans. Par nature, leur position sociale médiocre est la preuve de leur désamour de Jésus, il est normal, dans la mentalité du temps, qu'aucune denrée noble n'atteigne leur bouche. Mieux, il est considéré que les victuailles fines d'un banquet ou des tables seigneuriales seraient mauvaises pour la santé de ces rustres. En témoigne, qu'au temps difficile des disettes, ils survivent de n'importe quoi, d'herbes, de glands, de pains infâmes ou de soupes ignobles.

L'épeautre, qui pousse au bout d'une tige qui tend vers la voûte céleste, comme les autres céréales, revêt une certaine noblesse : d'ailleurs tous consomment des grains, pauvres et riches. Cependant, on y reviendra, tout dépend de la préparation et de la quantité, de la part, dans l'alimentation de chacun. Il y a les mangeurs de bouillies et de gruaux au bas, ceux qui vivent grâce au pain et, en haut, ceux qui ne l'utilisent que très peu : on parle autour des riches tables, du taillor, cette pièce de pain en forme d'assiette qui reçoit viandes et sauces et que l'on jette, à la fin, aux chiens ou aux pauvres.

Dans cette classification, prennent place les bêtes d'élevage ou de gibier : au rang inférieur, le porc qui se nourrit, lui-même, de racines ou de débris. Au contraire, tout en haut, les oiseaux qui se meuvent dans le ciel, presque des avatars d'anges. Nul ne doute qu'en les mangeant, on gagne et on se rapproche de l'Esprit.

Entre blé nu et blé vêtu

Pourtant, l'épeautre, qui paraît bien placé en cette hiérarchie, va être, en quelque sorte, déclassé par Thomas d'Aquin dans sa *Somme théologique*, au XIII° siècle. S'agissant de la fabrication du pain de l'Eucharistie, il distingue les blés nus, le froment, facile à panifier, des blés vêtus, tels l'épeautre ou l'orge qu'il faut monder afin de séparer la balle du grain, opération délicate. Le premier est de la Nouvelle Loi, les seconds de l'Ancienne Loi. Or, il y a primauté, au plan religieux durant le moyen âge, pour celle-ci, qui est contenue dans le Nouveau Testament quand l'autre, reçue par Moïse au Mont Sinaï, n'est que dans l'Ancien Testament. On parle, pour la Nouvelle Loi, de Grâce accordée par Dieu pour le salut des hommes. L'épeautre se trouve relégué, à partir de ce moment, à un rang inférieur.

Pour des raisons d'apparence différente, à plus d'un millénaire de distance, l'Occident chrétien, qui cherche à se définir, suit la trace du monde romain et rejette l'épeautre.

Entre le "chaud" et le "froid"

Cependant, il ne s'agit que d'un arrêt partiel. Une autre classification des aliments établit une différence entre le "chaud" et le "froid", notion fixée par rapport aux qualités du sang, l'une des quatre humeurs de la médecine de Gallien : elle ne sera pas contestée jusqu'au XVIIe siècle. La lymphe, la bile et la pituite étaient les trois autres : de leur abondance ou de leur altération dépendaient les maladies et la santé. Le sang était la plus considérable de ces humeurs. Un aliment classé "humide" et "chaud" se rapprochait des qualités du sang et permettait de fabriquer du bon sang, de se fortifier.

Certaines denrées comme le poisson, considérées "froides", pouvaient être utilisées durant le carême car on pensait qu'elles poussaient à la tempérance. On les jugeait aussi de médiocre qualité gustative, bonnes pour la pénitence. Ainsi en était-il pour les légumes et les herbes, malvenus sur les grandes tables ou pour les festins, assez bons pour les plus pauvres.

En cette affaire l'avoine est entre le "chaud" et le "froid", mais jugée "sèche", elle n'est pas convenable pour l'homme d'honneur. Il en est ainsi pour l'orge ou le seigle. Au contraire, le blé, le froment, "chaud" et "humide", réunit toutes les qualités, de plus il est de la Nouvelle Loi et grain de l'Eucharistie selon Thomas d'Aquin. Dans un monde fait et voulu par Dieu, il n'y a pas de hasard : ce qu'offre la nature est un don de Dieu et l'on doit suivre Sa volonté. Le froment aisément panifiable, "chaud", "humide", dressé vers le ciel est pour le pain le plus noble.

L'épeautre, en cette vaste organisation, est jugé "tempéré", pas assez proche du sang car peu "humide". Seulement à mi-chemin entre les grains indignes et le froment, il est consommable, mais surtout par les gens de basse extraction. Enfin, les difficultés qu'il oppose à la panification le poussent vers la préparation de bouillies et de soupes, sans doute appréciées, mais peu acceptables par la haute cuisine qui se veut héritière de l'Histoire.

Par le pain et par le vin des vaincus

Rome a développé un modèle alimentaire fondé sur le pain, l'huile, le vin, les légumineuses.

L'Église, à travers l'ordre de Saint Benoît et de sa règle, se veut dépositaire de ces habitudes romaines et garante, protectrice, des vestiges de cette civilisation antique. Jésus n'a-t-il pas établi le mystère de la communion sur le partage du pain et du vin ?

Mais les Barbares et les Germains, vainqueurs de Rome et de son empire, ont mis à l'honneur les viandes, les gibiers de toutes les sortes avec les laitages. De plus, l'épeautre, le grand, le *spelta*, est l'un des grains de ces barbares et c'est un blé vêtu, difficile à panifier.

Le livre de l'épeautre

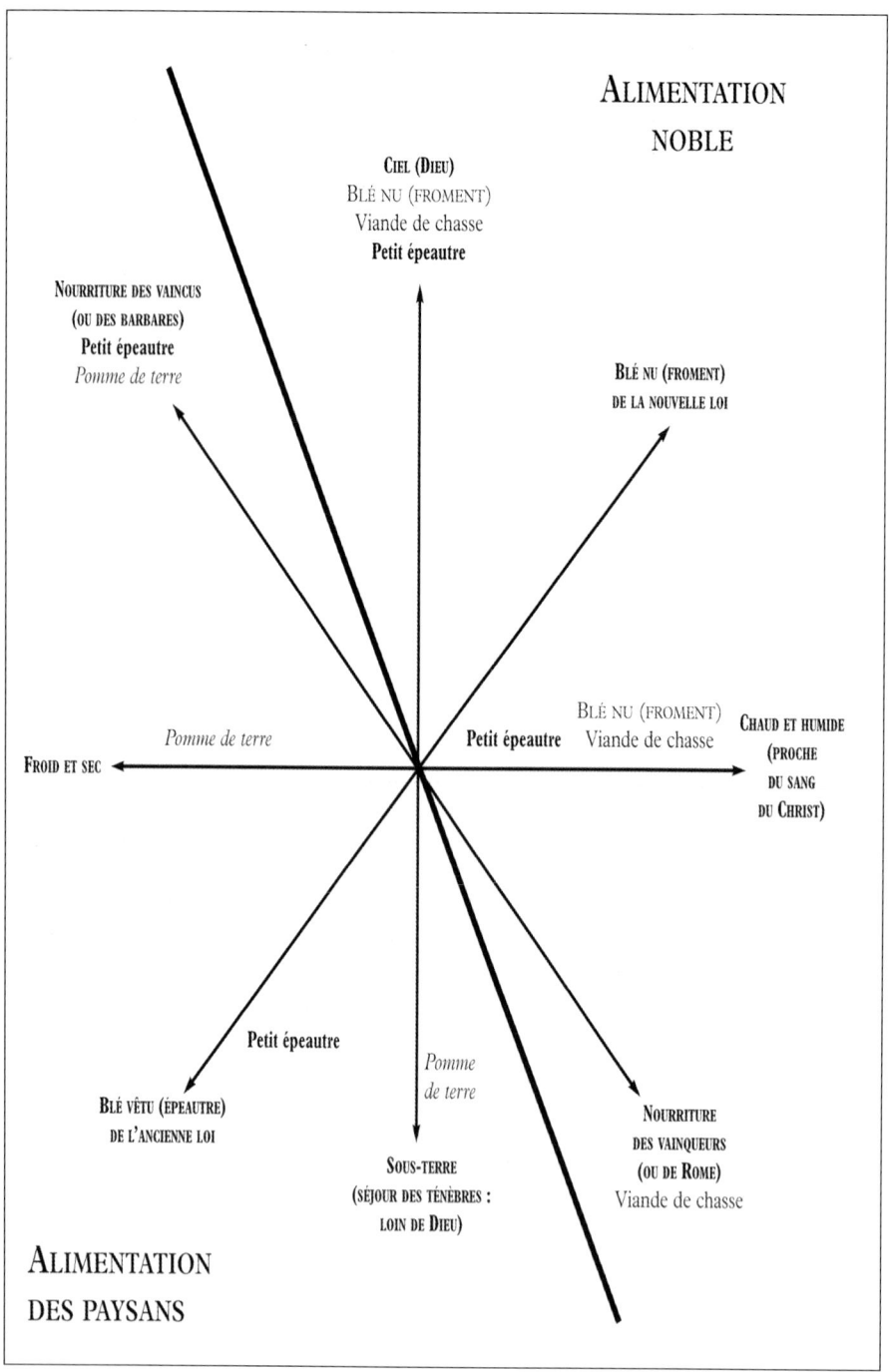

76

L'ordre des nourritures entre le Ciel et la Terre, entre le "chaud", l'"humide", et le "froid", le "sec" va régler le problème de ce qui est victuailles de banquet noble et ce qui n'est que pitance ordinaire ou réservée à la pénitence. Et avec diplomatie.

La cuisine des Barbares est celle des vainqueurs de Rome : leurs viandes sont la gloire des nobles tables.

Mais Rome, battue, offre les bases de la communion entre Dieu et les hommes : le pain de froment et le vin. Le pain d'Eucharistie doit être de blé nu et non de blé vêtu : voici l'épeautre, le *spelta* éliminé et du même coup, l'engrain. Pour tout le temps où survivra cette organisation de la cuisine, jusque vers le XVIIe et le XVIIIe siècles, et sans oublier ou négliger les pesanteurs qui continuent après, le petit épeautre dressé vers le ciel mais au grain vêtu si délicat à monder, pas assez "chaud", pas assez "humide", confondu avec le grand épeautre des Barbares ou des Germains, ne connaîtra qu'une humble destinée.

Celle des gruaux, des bouillies, des soupes, que l'on sert à la table des paysans.

L'ÉPEAUTRE, UNE PLANTE DE SOCIÉTÉ

Une relégation historique

Encore vers le XIe siècle, subsistent des poches de romanité en matière culinaire. Manger ou banqueter, selon le traité d'Apicius, avec des vulves de truie en quenelles, une farce pour cuissot de sanglier d'où naîtront, plus tard, les préparations prestigieuses de cygnes, de hérons ou de cigognes, c'est se rapprocher du modèle dont on envie la culture. Et l'épeautre n'a nulle place en cette affaire.

Sauf que, dans le monde de Dieu, chez les moines, il est rappelé à Clairvaux, chez Saint Bernard : « prends du blé, de l'orge, des fèves, des lentilles, du millet et de l'épeautre…, tu t'en feras du pain » [44].

Manger à la romaine ne signifiait pas d'ailleurs qu'on se livre à des excentricités culinaires sensationnelles fréquentes. L'ordinaire était de fonds d'artichauts, de ragoût au fromage, d'agneau rôti, de purée de céleri ou de feuilles de laitue aux oignons, de pois aux œufs, le tout avec de l'huile d'olive. La simplicité était habituelle : longtemps, Rome s'est nourrie d'une bouillie d'amidonnier, une sorte d'épeautre. Le nôtre n'en est pas éloigné.

Face à cette cuisine, il y a celle des descendants des vainqueurs de Rome, qui veulent imiter l'exemple romain et aussi préserver leurs habitudes : alimentation carnée avec la graisse et le beurre, en même temps laitages et grand épeautre, lui aussi assez proche du nôtre.

Vient le moment où se réalise un syncrétisme culinaire. Il achève de s'opérer vers le XIIIe et le XIVe siècles, selon des notions qui se veulent médicales et religieuses

POUR 100 GRAMMES	BLÉ TENDRE (T.A.)	PETIT ÉPEAUTRE (T.M.)	GRAND ÉPEAUTRE (T.S.)
GLUCIDES	59,7 g	65,30 g	57,90 g
LIPIDES	2,5 g	3,40 g	2,40 g
PROTÉINES BRUTES	12 g	14,5 g	12,8 g
VALEUR CALORIQUE / 100 G	332	335	?

CONSTITUANTS PRINCIPAUX (d'après *Céréales Ventoux*)

LYSINE	2,8 mg	4,4 mg	2,20 mg
MÉTHIONINE	1,6 mg	1,9 mg	1,40 mg

ACIDES AMINÉS ESSENTIELS (d'après *Céréales Ventoux*)

à la fois. Il est question de donner à chaque produit, une position qui le place en une hiérarchie cohérente : le petit épeautre n'aura guère de chance.

Ses frères avaient déjà perdu, du temps des Romains. En dépit de sa citation dans la Bible, il fut éliminé par Thomas d'Aquin car il était de l'Ancienne Loi. Quant aux traditions frumentaires, ce sont celles de Rome que l'on suivit pour des raisons liées au christianisme.

De plus, les manières de l'apprêter n'ont jamais été très variées. Depuis que l'homme a commencé à cuisiner, on le prépare en bouillies, crêpes ou galettes, soupes qui ne manquent pas de saveur mais ferment l'accès aux grandes tables, sauf pour quelques usages bien précis.

Alchimie de l'épeautre

Dans le passé, pour qu'un produit atteigne la haute cuisine, il lui fallait une place de choix, une renommée sur le plan culturel. Cette position s'accompagnait d'un prix élevé, lié à la rareté, à la difficulté pour se le procurer : la truffe en est un bon exemple, bien que son origine souterraine l'ait fait rejeter au moyen âge, les épices, parées de vertus exotiques, en sont un autre.

L'épeautre, connu de tous, a été successivement repoussé des arts de la table, du moins, des menus de renom.

Pourtant, le petit épeautre en Provence, est présent, chez les paysans, depuis le néolithique.

L'un des éléments de l'explication est dans la chimie alimentaire. On sait que les céréales ont toujours contribué au développement des civilisations car elles apportent lipides et glucides, protéines aussi, indispensables à notre organisme.

Le petit épeautre donne des glucides (65,30 g pour 100 g) qui se présentent en matières amylacées et en sucres simples : il s'agit du "carburant" de notre corps. Il donne aussi des lipides (3,40 g pour 100 g) recherchés pour leur fonction énergétique. Or noix ou graines, donc épeautre, offrent des nutriments, ou substances alimentaires à assimilation directe par le corps, sous forme concentrée et dans des conditions de stockage aisées pour l'homme.

Si l'on compare avec le blé tendre cultivé autrefois, s'il y a 69 g de glucides pour 100 g, il n'y a que 1,5 g de lipides pour 100 g En valeur calorique, il en donne 332 et 335 pour l'engrain (par 100 g).

Ainsi, le petit épeautre l'emporte quant aux protéines et aux lipides et il égale, à peu près, le blé pour les glucides et les calories. Et dans tous les cas, il est supérieur au grand épeautre nordique.

Mais les protéines sont constituées par des chaînes d'acides aminés : parmi eux, huit sont indispensables à notre nourriture, notre organisme ne sachant pas les fabriquer, on parle des acides aminés essentiels. La difficulté, pour avoir une bonne alimentation, est que ces huit acides doivent figurer en proportion suffisante les uns par rapport aux autres sous peine, s'il en manque un, de réduire le pouvoir d'assimilation des autres.

Or, leur rôle est essentiel : par exemple certains servent à constituer glucides et lipides en réserves qui donnent de la force pour un gros travail ou qui permettent de mieux résister au froid. D'ordinaire les céréales sont déficientes en l'un d'eux, la lysine mais fournies en méthionine. En revanche, les légumineuses, pois chiches, fèves ou haricots sont, à l'inverse, à forte teneur de lysine et faiblement titrées en méthionine. Ce qui explique les soupes au bâton où se combinaient céréales et pois : les paysans de la Haute Provence avaient découvert que cette alliance leur apportait le nécessaire, sans doute sous une forme bourrative, mais très efficace.

Le petit épeautre, quant à lui, est riche à la fois en lysine et en méthionine. Nous l'avons observé déjà très supérieur en protéines, en glucides, lipides et calories : c'est un aliment complet, ou presque, doué de qualités nutritionnelles remarquables. On le dit plus digeste que le blé. Rien d'étonnant à ce qu'il ait traversé les siècles et que la soupe d'épeautre soit l'une des préparations culinaires les plus anciennes de notre cuisine provençale et aussi l'une des plus équilibrées.

Sans oublier le parfum et le goût chantés par Bosco et que tout un chacun pourra apprécier.

Sans doute pour sa nature roborative, un peu étouffante, pour les difficultés qu'il oppose à la panification, avec son état de blé vêtu, le petit épeautre, repoussé par les Romains, plus tard par Thomas d'Aquin qui voyait en lui, peut-être, un blé exotique, moyen oriental, sarrasin, infidèle, fut rejeté de la grande cuisine. Il resta chez les paysans de Provence, au quotidien et longtemps.

L'épeautre ou l'invention paysanne

Selon la préparation ou non du grain d'épeautre, il y a quatre sortes de plats possibles : la bouillie, les gruaux, les soupes et ce qui se fait avec la farine, des crêpes et du pain.

Mais, on l'a vu, la panification pose des problèmes importants à résoudre sur le plan technique. De plus, étant donné la richesse en lipides de l'épeautre, la farine obtenue a tendance à rancir très vite, à voir son parfum s'altérer. Pour éviter ce défaut, il suffit de griller à peine les grains avant la mouture ce qui aura le double effet de débarrasser l'épeautre de sa balle et d'exalter son goût.

Ces pratiques rejoignent celles de la culture de l'épeautre dans les champs. Il est une céréale de terres pauvres, rocailleuses, de pays frais, un peu à l'écart, obligé à résoudre les difficultés sur place. Même avec des rendements faibles, il est, souvent, le dernier recours, l'ultime grain capable de croître avant que l'on abandonne la terre aux moutons ou aux chèvres.

De plus, à toutes les étapes de sa vie, l'épeautre offre aux paysans la possibilité d'échapper, en partie, à l'impôt. S'il est cultivé sur des terres non défrichées, justes nettoyées des sous-bois, en champs provisoires, le paysan, comme à Trans dans le Var, coupe au "dixième" des grains. Ensuite, selon la préparation culinaire, il n'est pas utile de passer par le moulin banal chargé de prélever, à la fois, la taxe du moulin et les redevances communautaires. Toujours, selon le mode d'apprêt de l'épeautre, il est inutile d'aller au four banal puisqu'on le consomme en bouillies, en soupes, en crêpes ou même en un pain médiocre cuit à la maison.

Au moyen âge, sous l'Ancien Régime qui sont des mondes de survie, avec un idéal alimentaire simple, les paysans de Provence, ceux des collines et des plateaux un peu à l'écart, quand le pouvoir est moins dense, moins vigilant, ont adopté et maintenu ces manières ordinaires de cuisiner l'épeautre, par raison. Il ne fallait pas éveiller l'envie ou l'attention par des plats de prestige : qui pourrait jalouser une bouillie, un gruau, une crêpe, un pain à pâte grossière, même une soupe ? Cette nourriture est attribuée, très tôt et très sûrement, à la classe des plus humbles des paysans : elle est, davantage, celle d'hommes astucieux, rusés, courageux et sages, capables de comprendre qu'il est toujours bon de ne pas trop paraître. En l'occurrence, il vaut mieux faire pitié qu'envie !

Cette non-évolution de la cuisine de l'épeautre est liée autant à la nature du produit qu'à une volonté et à un calcul intelligent. L'épeautre ne s'est pas localisé sur des terres reculées et moins fertiles, plus difficiles, parce que rien d'autre ne pouvait venir. L'épeautre s'est installé et s'est maintenu en raison du mépris culturel où il avait été placé : de ce mépris, le paysan tirait une relative tranquillité. Qui aurait pu inquiéter ces pauvres hommes nourris de soupe d'épeautre et que l'on ne pouvait que plaindre ?

Une cuisine de épeautre

En attendant, l'épeautre se préparait à l'aide d'un pilon et d'un mortier, non sans avoir été grillé au préalable. On le réduisait en une farine grossière, irrégulière : déposée dans un pot de terre, on la faisait bouillir à petit feu jusqu'à réduction du liquide. Alors, à l'aide d'une étamine et d'une forte pression, on récupérait le gruau. Trop épais, on y rajoutait de l'eau, trop clair, on le bouillait à nouveau. Dans cette panade de gruau on jetait du miel ou du sucre, du vin blanc et on la donnait aux enfants. Lieutaud, « premier médecin du Roi, de Monsieur et de Monseigneur le Comte d'Artois », le recommandait en 1787 : « l'épeautre fournit la matière de plusieurs sortes de bouillie au gruau, très saines, assez agréables, d'un grand secours pour les personnes maigres et dans un état de marasme ».

Les bouillies pouvaient être obtenues par trempage des grains et écrasement au pilon mais aussi à partir de la farine. Il était alors conseillé de la sécher au four, au point de la roussir à peine, ce qui la rendait plus digeste. Puis on la faisait cuire avec du lait, du bouillon, avec des amandes pilées.

Mais la grande affaire est la soupe d'épeautre : « en plat unique avec des pommes de terre et du petit salé dans la soupe, l'épeautre était une denrée nourrissante consommée toute l'année. Ma grand-mère déplorait de nous en servir aussi souvent. Cette céréale à la saveur particulière, à l'enveloppe un peu dure, m'a laissé un goût… un goût de souvenirs », nous raconte Berthe Pélestor, d'Archail près de Digne.

En 1980, comme pour réaffirmer les valeurs de l'épeautre, la ville de Pernes-les-Fontaines offrit, en octobre, cette soupe à près de trois cents personnes. En septembre 1995, le petit village de Monieux décida d'organiser la première fête de l'épeautre durant laquelle plus de cinq cents personnes consommèrent cette céréale sous toutes ses formes, sur la place du village sous les platanes.

A Bonnieux, la soupe à l'épeautre était mangée à partir des premiers jours froids, après la récolte des olives ou après les travaux pénibles, pour sa richesse et ses capacités nutritives.

On la considère comme élément fondateur de la cuisine traditionnelle en Haute Provence, du Vaucluse aux hautes vallées des Alpes Maritimes. Il est dit, « bien que dans les recensements agricoles elle n'apparaisse, à part entière, que jusqu'en 1869 et, groupée avec le froment jusqu'en 1882, sa culture s'est poursuivie jusqu'après la deuxième guerre mondiale. Le souvenir de sa production, du mondage et de sa consommation est présent d'une façon marquée dans l'esprit des communautés villageoises, notamment dans les parties hautes des vallées ». [45]

Il est vrai que la dernière guerre a permis la renaissance, par nécessité, ce qui a occasionné, un temps, le recul du froment. Spontanément, les vieux réflexes sont revenus : l'épeautre était un recours. Mais, pour les raisons que l'on sait, les paysans préféraient n'en pas parler.

Au point qu'au XIXe siècle, alors qu'on recherchait à introduire en Provence la culture d'un riz sec, on tenta l'expérience avec un sac de semences soi-disant arrivé de Cochinchine en 1817. On l'essaya et devant le succès, on le répandit dans la région de Marseille : on en vanta les mérites et ce fut un horticulteur de Tarascon qui reconnut dans ce riz… notre épeautre ! Chose curieuse, quand on sut de quoi il s'agissait, on semble s'en être désintéressé.

Cette discrétion paysanne fit que Pazzis, dans ses recensements sur le Vaucluse, en 1808, parle d'épeautre, sans préciser s'il s'agit du petit, mais c'est bien de lui qu'il est question : « l'épeautre est fort usitée et fort utile dans la montagne où seulement elle est semée,… une fois dépouillé de son enveloppe, […], ce petit grain […] fournit au peuple une nourriture très saine en bouillie, […], que les meilleures tables … recherchent avec raison ». Nous verrons que ces "meilleures tables" ont dû être rares.

Un autre, Aymes, en 1835 et 1851, dans son *Bazar provençal ou recueil… des recettes culinaires de la Provence*, indique que « ce riz de Provence… se consomme en potage, au gras comme au lait, sa saveur le rend même agréable cuit à l'eau sans sucre ». Il présente, à la fois, soupe et bouillie mais à partir de ce qu'on préfère baptiser riz des Alpes ou de Provence, tant l'épeautre est de renommée faible.

Dans les *Statistiques* de Villeneuve sur les Bouches-du-Rhône, en 1826, est écrit : « il ne sert que pour ses soupes nourrissantes dont peu de gens font l'usage » et « plusieurs propriétaires en cultivent pour leur provision. Il n'est pas employé à la panification. », pour la région de la chaîne de l'Étoile, du Regagnas près de Marseille ou des collines de la Trévaresse vers Aix.

Ce destin chaotique fait de beaucoup d'ombres et des quelques raies de lumière, a donné, enfin, quelques recettes. Les unes, avec de l'épeautre en grains, des légumes, carottes, branche de céleri, poireaux et oignons, avec de la viande sous forme de gigot trempé du côté de la souris ou d'une saucisse appelée "merson" à Forcalquier qui est une sorte de saucisson à la couenne, à la fois gros et court : on le nomme *méusoun* chez Mistral qui a dénombré onze façons de l'appeler, ce qui dénote de nombreuses variétés selon les terroirs et l'imagination de chacun. On y ajoute sel, poivre, parfois des clous de girofle ou un bouquet garni. Après trempage et longue cuisson, durant laquelle les saveurs ont pu se marier, on sert cette soupe en *bajana* : c'est à dire que l'on sépare le solide et le bouillon. Une assiette de liquide où l'on peut tremper le pain, une autre où l'on dresse légumes, épeautre en grains et viande à moins que l'on serve cette dernière encore à part. Il est possible d'assaisonner ou de relever les goûts d'un trait d'huile d'olive crue et d'une pincée de sel. Ce principe de consommation, typiquement provençal, où l'on présente les produits, aux parfums fondus, chacun à part, permettait d'offrir, à partir d'une seule préparation, deux à trois plats, un repas diversifié aux qualités nutritionnelles généreuses. Et rien n'empêchait d'utiliser une pièce de viande plus noble qu'une simple charcuterie. De même, pour les plus pauvres, on parle d'une couenne de lard qui resservait plusieurs fois ou qui faisait le tour du village, marmite après marmite !

N'oublions pas la bouillie d'épeautre en grains, agrémentée de lait, de miel et que l'on pouvait aussi cuisiner en gratin avec du fromage et une cuisson au four. Ou encore les galettes faites d'épeautre doré à l'huile puis mêlé à de l'œuf battu.

Mais il y a aussi la soupe à base de farine d'épeautre. Le fameux *brigadéu* ou soupe au bâton à partir de farine de froment ou encore d'un mélange de fèves, de pois chiches, d'épeautre réduits en poudre fine : une "farinette" obtenue par pilage à la maison ce qui évitait tout contrôle, ou par meulage au moulin. Il y fallait une branche de laurier sèche pour remuer et de l'eau de source de préférence ou d'une rivière bien pure. Dans l'eau portée à ébullition, avec une pincée de sel, des feuilles de laurier et une cuillère d'huile d'olive, on verse en pluie légère la "farinette" sans arrêter de tourner le bâton. Il ne faut pas permettre au bouillage de continuer mais laisser la marmite frémir, sans quoi se formeront des grumeaux. Et l'on achève d'incorporer la "farinette", à feu doux, jusqu'à épaississement de la soupe : le difficile est de remuer avec régularité, de rectifier l'assaisonnement en sel et huile vers la fin. On considère que la soupe est prête quand la baguette de laurier tient, toute droite, dans la marmite. Certains enrichissent ce plat d'oignons et d'un morceau de mouton pour leurs goûts. Chacun recevait une écuelle de ce *brigadéu* qui se rapproche d'une purée que personne ne méprisait dans le passé, pas même les gens les plus riches : on en repère des traces en des ouvrages sur la santé, dès le XVIIe siècle.

Ce *brigadéu* était toujours préparé avec générosité, car réchauffé le lendemain matin, avant le départ pour les champs, il était encore meilleur. Dans la nuit, il s'était épaissi, on en coupait des lamelles jetées dans une poêle où chauffait de l'huile d'olive. Il fallait laisser gratiner et même qu'elles accrochent au fond du plat. Ces sortes de panisses étaient très appréciables en compagnie d'un vin rouge de paysan et calaient bien les estomacs.

La farine d'épeautre permettait aussi la confection de crêpes d'accompagnement à d'autres aliments ou recevant miel ou confiture pour un dessert.

Enfin, même si ce ne fut pas un cas général, on peut confectionner un pain d'épeautre où l'on mêle 25 % de fèves et 75 % d'épeautre en farine pour les temps de pénurie : ainsi le conseillent les agronomes du XVIIIe siècle. Plus sûrement, on fabrique jusqu'au milieu du XIXe siècle, des pains de méteil : d'ailleurs, à Nice, on donne aussi ce nom au petit épeautre. En certains cas, si la mouture se faisait à la maison et qu'on n'était pas trop exigeant sur la finesse des farines, l'épeautre et le froment ou le seigle étaient semés et récoltés ensemble. Dans les autres cas, le mélange s'opérait au moulin, après mondage de l'épeautre. On en obtenait un pain honnête pour sa consistance et très appréciable en bouche pour l'extrême légèreté du goût. Aujourd'hui, certains boulangers, peu nombreux, dont celui de Monieux, confectionnent avec des astuces et des secrets bien gardés, un pain d'épeautre délicieux et excellent pour la santé.

Ainsi, il existe une véritable cuisine traditionnelle de l'épeautre, née depuis longtemps avec des racines protohistoriques jamais rejetées par les paysans. Chaque plat permet des variations et des fantaisies, selon les moyens de chaque cuisinière.

Mais ces préparations ont toujours joui d'une réputation misérabiliste parce que l'épeautre, lui-même, a été dévalué. De plus, on l'a vu, les paysans entretenaient cette vision des choses ou ne faisaient rien pour qu'elle changeât.

De nos jours, les conditions sont autres. L'épeautre est en faveur, ses qualités sont reconnues, sa renommée gagne en puissance, grâce à l'imagination et au talent de quelques ménagères et de cuisiniers d'avant-garde qui parlent de "caviar des céréales".

L'ÉPEAUTRE DANS LES LIVRES DE CUISINE : MORT ET RENAISSANCE

L'apparition de l'épeautre comme base culinaire pour obtenir un plat à présenter à table est assez récente.

Les ouvrages les plus anciens, tel *Le cuisinier françois* de La Varenne en 1651 ou *Le ménage des champs et de la ville* par le Sieur Ligier, *Les secrets de la nature et de l'art* concernant les aliments, un recueil d'articles de journaux, de gazettes et de livres nouveaux paru en 1769 et tant d'autres ouvrages vénérables consacrés, au XVIIIe siècle, à l'art alimentaire, ne parlent pas de l'épeautre.

Quand, parfois, une référence apparaît, très brève comme dans *Le spectacle de la nature*, ouvrage à vocation didactique de 1741, ce n'est qu'un nom cité dans un flot sans développement particulier. Ou alors, dans *Le dictionnaire raisonné universel d'Histoire naturelle* par Valmont de Bomare, en 1776, dans le *Précis de la matière médicale* de Lieutaud, de 1787, on rencontre une confusion extrême dans les noms attribués à l'épeautre et l'on ne sait s'il s'agit du grand ou du petit. Ce désordre, on l'a vu, se retrouve chez Du Cange au XVIIe siècle, comme il existait avec Thomas d'Aquin au XIIIe, et dans *La Nouvelle Maison rustique* de 1736. Cette incertitude est d'autant plus surprenante qu'en ce temps, tout ce qui touchait aux grains, donc au pain, était précisé parce que vital.

Seule, au milieu de ces égarements, l'Encyclopédie de Diderot donne un article de quinze lignes à l'épeautre, sans indiquer d'ailleurs si l'on parle de l'un ou de l'autre, mais avec des références à la cuisine : « On en fait du pain qui n'est pas désagréable au goût, mais qui est lourd à l'estomac. Les anciens en composaient leur fromentée, espèce de bouillie qu'ils ont beaucoup vantée… ».

A nouveau, c'est le silence avec Fortuné Pain dans ses *Excursions gastronomiques*, ses articles de journaux, en 1839 : pourtant Fortuné est natif d'Apt où règne l'épeautre dans les mas. La même année, sort l'édition du *Cuisinier méridional d'après la méthode provençale et languedocienne*, en Avignon, autre région de ce grain : cet ouvrage anonyme parle de « 837 recettes recueillies chez les traiteurs, cuisiniers de grandes maisons, cuisinières bourgeoises et dans le peuple ». Aucune n'est consacrée à l'épeautre !

Il est vrai que Pazzis en 1808, dans ses recensements en parle : « Ce petit grain… fournit au peuple une nourriture très saine en bouillie ». Villeneuve dans ses *Statistiques des Bouches-du-Rhône* en 1826 précise « il ne sert que pour des soupes nourrissantes dont peu de gens font l'usage » et « plusieurs propriétaires en cultivent pour leur provision. Il n'est pas employé à la panification ». En 1851, Aymes en son *Bazar provençal* est sans doute le premier à honorer l'épeautre qu'il nomme "riz de Provence" pour faire plus chic : « en potage, au gras comme au lait, sa saveur le rend même agréable cuit à l'eau sans sucre ».

Un moment après, en 1853, le *Dictionnaire général de la cuisine française* de la librairie agricole de Dusacq à Paris y consacre un article élogieux pour le grand épeautre, plus circonspect pour le petit : « il ne faut pas confondre l'épeautre du nord avec une espèce de seigle blanc qu'on cultive dans le midi de la France et auquel on donne improprement le même nom ».

Silence encore dans *Le nouveau manuel de la cuisinière bourgeoise et économique* par un Cordon Bleu chez Bernardin-Béchet à Paris, en 1856.

Et la première recette précise d'une soupe d'épeautre se trouve chez Marius Morard, en son *Manuel complet de la cuisine provençale*, de 1886. Son ambition était de dévoiler les secrets de « restaurants, des maisons bourgeoises et des petits ménages ». Malheureusement, il préconise la cuisson de la viande avec les légumes, puis leur retrait dans une partie du bouillon et « dans l'autre on fait cuire un demi-kilo d'épeautre » mais à part. Dans une remarque, il indique bien : « à la campagne, on fait cuire l'épeautre avec la viande » et les légumes, mais voilà Marius pris en flagrant délit de snobisme! Si une recette peut évoluer et changer pour des ingrédients ou astuces selon chacun, elle disparaît si on ne respecte pas le principe d'élaboration : la soupe d'épeautre n'existe qu'avec la cuisson collective de tous les produits et Marius les sépare, sans doute par souci d'ennoblir la préparation. Manière d'autant plus étonnante qu'il était né à Rustrel, en plein pays de l'épeautre qu'il a dû consommer en abondance. De plus, Marius préconise de présenter, à l'assiette, épeautre, légumes et viande dans leur bouillon, rompant avec le principe provençal de la *bajana* ou séparation du liquide et du solide.

Avec le Grand Escoffier, l'épeautre n'a pas de chance. En son *Guide culinaire*, de 1912, sur 105 soupes et potages, pas une allusion à l'épeautre, il consacre, pourtant, deux pages aux "soupes de l'école provençale" et il cite Morard et Reboul. En cet ouvrage général, Escoffier qui avait su imposer l'ail à la table des rois, n'a pas jugé bon de retenir l'épeautre.

De 1918 à 1939, les livres de cuisine ne manquent pas : un Larousse de près de 1500 pages et aucune place pour notre céréale. De même, pour une *Cuisine et gastronomie provençales à Toulon* du Docteur Raoulx et malgré une étude sociologique des habitudes culinaires du lieu au XIXe et XXe siècles : alors que l'épeautre a existé, au moins à la lisière du pays toulonnais.

Après 1945, dans le *Nouveau Larousse gastronomique* de 1960 de Prosper Montagné, un livre de référence, on ignore toujours l'épeautre.

A partir des années soixante, la soupe d'épeautre réapparaît chez Escudier qui, dans sa *Véritable cuisine provençale et niçoise* et ses 660 recettes veut donner une image précise de la diversité culinaire de la Provence. Il indique d'ailleurs : « Cette céréale était assez usitée dans la cuisine provençale », mais il n'utilise aucun légume, à l'exception d'un seul oignon, et il préconise des pieds de bœuf et une queue pour viande. Recette très pauvre, peu capable d'attirer, ou incomplète.

Chez les auteurs de ce temps qui traitent de nourritures aux alentours du littoral méditerranéen, rien chez Armisen et sa *Table niçoise*, ni chez la mère Besson en sa *Cuisine provençale*, pas plus que dans *Les recettes de la Niçoise* de D. Fabre ou dans l'ouvrage récent de Roubaud.

Il semble que l'épeautre ait disparu, en certaines régions, même de la mémoire des grands-mères, à moins que l'on ne considère le produit et les plats comme pas assez nobles et représentatifs.

Au contraire, quand il s'agit de livres à tendance sociologique où l'on recherche les racines de la civilisation provençale, l'épeautre n'est plus oublié. Maguelonne Toussaint-Samat, grande spécialiste, en offre un exemple précis : rien en son recueil *Ma méthode, mes recettes, mes secrets* en 1988 alors qu'en 1982, elle parle de l'épeautre dans son *Ethnocuisine de Provence*. Le premier, à vocation universelle, n'a pas retenu la céréale. De même Jouveau décrit ces préparations en sa *Cuisine provençale de tradition populaire*, en 1976. Bien sûr, *Les cuisines des Alpes du sud* de 1991 décrivent la soupe d'épeautre, la bajana et les diverses manières de leur consommation. Ainsi que Marion Nazet dans son *Misé Lipeto*, consacré au calendrier culinaire de l'alimentation provençale, et qui donne trois soupes d'épeautre dont une pour Mazargues à Marseille. Quant avec Andrée Maureau, qui offre un bouquet de recettes typiques, la soupe d'épeautre, bien campée, devient un plat à part entière avec même des conseils modernes : c'est l'intégration comme avec la *Cuisine de tradition du Var et des Alpes du sud*.

Le chemin de l'épeautre dans les livres de cuisine a été long. Pas assez noble, cette céréale et ses préparations ont été négligées ou mal présentées. Parfois, certaines régions, l'ont éliminée. L'épeautre y a été, sans doute, peu usité. Pour l'intérieur de la Provence, l'épeautre a fait une discrète entrée par le biais des ouvrages sociologiques, de traditions, par les livres consacrés à la santé et à la diététique, et toujours en des termes élogieux : les modes du biologique y sont pour quelque chose.

Aujourd'hui, cette céréale est de plus en plus admise, reconnue au point que certain fabricant, promoteur de régime amaigrissant, l'utilise.

Surtout, l'épeautre, au moins dans tout le Vaucluse, excite l'imagination de chefs en quête de saveurs nouvelles et dans les lieux les plus prestigieux : c'est la marque de la réussite et d'une renaissance.

La soupe de la Loubatière

ou les vestiges gourmands d'une civilisation disparue

Ingrédients :

(POUR 15 À 20 ASSIETTES) : 10 À 12 L D'EAU (SI POSSIBLE DE CITERNE OU DE PLUIE) DANS UNE MARMITE OÙ ELLE RÉDUIRA PAR LONGUE CUISSON • 1 À 2 KG DE PETIT ÉPEAUTRE (ON COMPTE AUTOUR DE 100 G PAR PORTION) • 150 À 200 G DE HARICOTS BLANCS • 1 POULE D'ENVIRON 2 KG (D'ÉLEVAGE AUX GRAINS DE PRÉFÉRENCE) • SEL • MOUTARDE À L'ANCIENNE ET GROS SEL (POUR LA CONSOMMATION DE LA POULE À PART)

— Il fallait s'y prendre à l'avance, même la veille, raconte Madame Dromel de Monieux, plus elle cuisait, meilleure elle était. D'abord, on mettait une bonne dizaine de litres d'eau dans la marmite en fonte, et pas n'importe quelle eau ! Celle de la citerne.

— Pourquoi pas celle d'une source ou d'un puits ?

— Elle est toujours forte et dure en calcaire. Alors que celle de nos citernes était bien propre, pure et plus digeste. Ensuite le sel et on laissait tiédir dans la cheminée. A bonne température, on prenait un à deux kilos d'épeautre bien trié et qu'on lavait avec l'eau mise à tiédir et on jetait l'épeautre dans la marmite. Mais le grain de ce temps, je vous parle de l'entre-deux-guerres, était plus gros, meilleur et bien égrué, plus farineux.

— Sans doute était-il blanchi, on lui enlevait toutes ses peaux ?

— Oui, mais il poussait dans l'*espeoutiero*, des champs où ne venait que de l'épeautre, mis en culture tous les quatre à cinq ans avec les moutons dans l'intervalle qui vous nettoyaient et fumaient la terre. Il n'y avait pas de rendement mais quel résultat pour le goût ! Bref, il fallait aussi une belle poule. On prenait celle qui ne pondait plus et qui, toute sa vie, avait mangé des sauterelles, de l'herbe, des criblures de grain : sa chair était grasse pour le bouillon et fameuse en bouche, elle tenait sur les os.

— Vous la plongiez quand l'eau était tiède ?

— Oui ! Selon, on pouvait utiliser, à la place, un jarret de cochon, du plat de côtes avec de l'andouillette, mais je préférais la poule. On portait à ébullition avec un bon feu et on écumait pour purifier le bouillon.

— Il n'y avait pas de légumes…

— Rien, pas même un oignon ! Des saveurs nettes et sans retouche. Sauf que dans certaines maisons on ajoutait au début trois ou quatre poignées de haricots, après les avoir fait gonfler dans de l'eau froide : ils fondaient. Après un moment, on décrochait la marmite de sa crémaillère et on la déposait dans un angle de la cheminée, à côté des flammes, juste pour en recevoir une chaleur modérée. On laissait à frémir, avec le couvercle, toute la journée : il fallait, de temps en temps, tourner la marmite pour la répartition du chaud et c'est tout.

— Et pour la servir ?

— A l'époque on avait de la piquette pour boire, un rouge de paysan, un peu aigrelet mais qui se mariait bien avec votre assiette, surtout on en prenait deux ou trois ! Ensuite un fromage de chèvre sec et pour le dessert, une ou deux tranches de melon vert, le "verdau". C'était le menu jusqu'à Noël. Ce melon, on le ramassait pas trop mûr et on le laissait se faire sur le dessus d'un tas de grain. Quant à la poule, c'était pour le dimanche, on la partageait et on la mangeait, à part, avec de la moutarde et du gros sel.

— Finalement, c'est la "poule au pot" d'Henri IV ?

— On peut le dire ! C'était fameux, la soupe était onctueuse, crémeuse, l'épeautre se fondait en un velouté : c'était dû à l'eau, à la qualité de la poule mieux nourrie, à l'épeautre, pollué par rien, je ne sais pas mais c'était excellent !

Il existe de nombreuses variations sur la soupe à l'épeautre. Comme pour la daube, la bouillabaisse, la soupe au pistou et autres plats emblématiques de la cuisine provençale, ces nuances correspondent aux ressources dont on peut disposer selon les lieux ou selon la saison. Il y a les astuces, les tours de main, les observations : on dit que l'épeautre mondé de sa seule première peau et qui conserve sa seconde enveloppe, le son, est bien meilleur au goût. Mais ce serait au détriment de la consistance de la soupe : un épeautre blanchi, dépourvu des peaux qui le protègent, sera plus farineux et donnera une soupe plus "onctueuse, crémeuse", liée avec une cuisson plus rapide. C'est sans doute ce qui se pratiquait davantage autrefois où l'on disposait des installations nécessaires : on recherchait des "amandes" bien blanches pour la soupe.

Tout le monde n'avait pas ce soin ou la possibilité de le respecter. On parle de veillées où se réunissaient les voisins, par exemple, pour briser les noix de la récolte. Le souvenir n'est pas impérissable ! Nul doute que l'épeautre utilisé ait contenu des criblures, même de la balle qui en altérait le goût.

Quant à l'usage de la viande, les différences sont très nombreuses : cela va de la poule de réforme au jarret de cochon, plat de côtes, andouillette ou saucisse de couenne avec des noms très variés d'une région à l'autre. De toutes les manières, il s'agit d'abord d'une viande condimentaire, qui donne son gras et ses parfums, avant d'être consommée à part, en *bajana*, comme il est dit en provençal, séparée du reste et constituant un second plat, avec sel ou moutarde...

L'adjonction des légumes peut apparaître comme une évolution plus récente ; cependant, dans les régions les plus prospères, où l'abondance et la variété de ces produits existent, ils ont pu être présents très tôt. Mais ils ne sont pas très variés : carottes, branche de céleri, poireaux et oignons destinés à fournir des parfums plus qu'à être un fort plat. Leur consommation s'effectuant, comme pour les viandes, en *bajana*, non sans l'agrémenter d'un filet d'huile d'olive, de sel, en une sorte de salade cuite, un troisième plat.

Ainsi, on disposait d'une soupe assez épaisse, enrichie parfois de haricots, les légumes, étant venus s'ajouter, formant une autre portion. La viande, ou cochonnaille, servie sans doute le dimanche, confite de tous les parfums échangés, formait, en cette préparation propre à la Haute Provence, avec le reste, un plat complet. D'autant plus que le complément de haricots blancs, des légumineuses, à fort taux de lysine, permet de compenser la déficience de l'épeautre en cet acide aminé : pour la méthionine, c'est l'inverse. Cette soupe, mangée en hiver, permettait ainsi de lutter contre le froid et de donner des forces : elle était un compromis avec la soupe au bâton, un jalon intermédiaire dans l'invention culinaire.

On l'a vu, avec la soupe de la Loubatière, l'adjonction d'un fromage et d'un melon apporte laitage et élément frais en un repas d'hiver équilibré capable de fournir les calories, les vitamines et tous les principes nutritionnels. Sans doute pouvait-on trouver d'autres menus, sur le même type : le principe resterait respecté.

La soupe d'épeautre n'est pas seulement un plat ou une spécialité culinaire. Il s'agit, comme pour l'épeautre considéré comme traceur de civilisation, de l'un des éléments fondamentaux d'un genre de vie, aujourd'hui, perdu.

NOTES DU CHAPITRE : DE LA BOUILLIE À LA SOUPE AU BÂTON
[43] Communiqué par M. ANDRÉ MÜLLER de la D.R.A.C. qui expérimente la culture de l'épeautre.
[44] Bible - Ezéchiel IV, 9
[45] RAYBAUT P. in *Les Alpes Maritimes* (éd. Bonneton)

À Table !

A table!

Quelques conseils, en vrac :

1/ Le tri préalable des grains de petit épeautre est indispensable. Quel que soit le soin mis par le fournisseur, il peut toujours se trouver, mêlés aux grains d'épeautre, cailloux, graines étrangères, grains d'épeautre abîmés ou d'une grosseur suspecte à éliminer.

2/ Il faut moudre soi-même les grains de petit épeautre, soit avec un moulin à céréales, facile à trouver dans un magasin spécialisé dans la quincaillerie et les appareils ménagers ; soit avec un vieux moulin à café bien nettoyé ou un vieux hachoir, qu'on réservera à cet usage.

3/ L'indispensable tamisage de la farine se fera soit au chinois ou à la passoire (pour une petite quantité), soit au tamis (qu'on se procurera auprès d'un quincaillier ou d'un fournisseur pour hôteliers, pâtissiers et boulangers).

4/ Le son qui résultera du tamisage pourra être utilisé soit pour confectionner du pain de son, soit en lieu et place de la farine ou de la chapelure pour les moules à pâtisserie, les escalopes dites "panées", etc.

5/ Pour éviter les redites, nous donnons en tête des pages qui suivent la préparation dite "de base" qui servira de référence chaque fois que cela sera nécessaire.

6/ Il faut prendre l'habitude de faire soi-même les pâtes dites "pâtes alimentaires" telles que lasagnes ou spätzle ; celles qu'on trouve dans le commerce sont faites à la farine de froment ou de "grand épeautre". Les appareils pour façonner les pâtes se vendent en quincaillerie.

7/ On verra comment se procurer du petit épeautre. Quant à sa conservation, il faut savoir : que grains et farine se conservent bien en bocaux de verre bien fermés et à l'abri de la lumière ; que le petit épeautre cuisiné à l'avance selon la "préparation de base" ou sa variante n° 1 (voir pages suivantes) se conserve admirablement au congélateur, réparti en petites quantités dans des barquettes ou boîtes en plastique ; il constituera une provision d'épeautre d'accompagnement utilisable instantanément.

8/ Que boire avec les recettes au petit épeautre ? Nous n'avons donné aucune précision de cet ordre, laissant chacun libre de choisir selon son goût, ce qui est bien la moindre des choses. Nous dirons néanmoins que le petit épeautre se marie admirablement
avec un Côtes-du-Ventoux blanc ;
avec une syrah (vin rouge) ;
au dessert, avec le vin blanc muscat de Beaumes-de-Venise.

9/ Si vous voulez que le parfum et le goût du petit épeautre se développent, ne mettez pas trop de sel dans vos préparations ; pour les préparations destinées au dessert, c'est du sucre qu'il ne faut pas abuser.

10/ Toutes nos recettes ont été réalisées plusieurs fois par nos soins. Cependant, selon la provenance (ou l'année) du petit épeautre, ou selon la finesse de la farine, il peut y avoir des modifications à apporter, notamment dans la quantité de liquide à ajouter pour obtenir une pâte.

11/ Le petit épeautre contenant, ainsi qu'on l'a vu dans notre première partie, beaucoup d'amidon, les gâteaux ou les pains réalisés avec sa farine sont compacts ; mais ils ont un goût inimitable.

12/ Lorsqu'on doit pétrir une pâte à la main, il faut tremper régulièrement les mains dans l'eau froide pour éviter que la pâte ne colle.

13/ Sauf indication contraire, toutes nos recettes sont proposées pour 4 personnes.

14/ Nos recettes sont présentées avec les équivalences habituelles suivantes :

Thermostat 1	Température 120 °C
Thermostat 2	Température 140 °C
Thermostat 3	Température 160 °C
Thermostat 4	Température 180 °C
Thermostat 5	Température 200 °C
Thermostat 6	Température 220 °C
Thermostat 7	Température 240 °C
Thermostat 8	Température 260 °C
Thermostat 9	Température 280 °C
Thermostat 10	Température 300 °C

(Règle mnémotechnique : si le "Thermostat 0" existait, il aurait pour équivalent 100 °C ; à chaque graduation du thermostat, la température équivalente augmente de 20 °C).

Préparation de base

Dans nos recettes, nous renverrons, chaque fois que cela sera nécessaire, pour éviter des redites fastidieuses, sous l'appellation "Préparation de base", à la préparation que voici :

Quantité :
En général, 50 g par personne.

Préparation de base :
Verser la quantité d'épeautre désirée dans une assiette, par petites doses successives, pour vérifier qu'il n'y a ni cailloux ni grains indésirables, et reverser au fur et à mesure dans une jatte pleine d'eau.

Laver 2 ou 3 fois l'épeautre ainsi trié ; le verser dans une casserole ; ajouter 3 fois son volume d'eau.

Saler, poivrer, ajouter un bouquet garni, quelques rondelles de carotte, une branche de céleri ; laisser cuire 30 mn environ (sous un couvercle).

Retirer du feu et laisser gonfler 5 à 10 mn sous couvercle.

Le petit épeautre est alors prêt à être consommé ou à être accommodé.

On peut ajouter à l'eau de cuisson un cube de bouillon de bœuf, ou de poule, ou de légumes.

Variante 1 :
Mettez de l'huile, ou du beurre, ou de la graisse (canard, oie, poulet) à chauffer avec des oignons et, éventuellement, des lardons. Verser dessus l'épeautre. Laisser revenir. Ajouter carotte, céleri, poireau, etc.

Après 10 mn, couvrir avec de l'eau (à peine 3 fois le volume d'épeautre) et porter à ébullition. Saler, poivrer, mettre un bouquet garni (éventuellement, un cube de bouillon), couvrir et faire cuire à feu doux environ 30 mn.

Retirer du feu et laisser gonfler 5 à 10 mn sous couvercle.

Variante 2 :
En accompagnement de poisson ou de crustacés, on peut remplacer tout ou partie de l'eau par du court-bouillon. Le court-bouillon (sans eau additionnelle) qui a servi à cuire du poisson ou des crustacés ne doit pas être jeté ; congelé, il sera réutilisé après filtrage.

Remarque :
Pour donner une jolie couleur à l'épeautre (surtout à utiliser en salade ou en entrée), ajouter du safran à l'eau de cuisson.

Les recettes d'une ménagère

Allumettes au fromage

Ingrédients :

150 G DE GRUYÈRE RÂPÉ • 50 G DE BEURRE MOU • 100 G DE FARINE DE PETIT ÉPEAUTRE • 2 ŒUFS ENTIERS • 2 CUILLÈRES À SOUPE DE LAIT • 1 ŒUF POUR BADIGEONNER

Préparation :

Mélanger œufs, lait, farine, puis le beurre et le gruyère.
Étaler la pâte sur 1 cm d'épaisseur.
Badigeonner le dessus avec un œuf battu.
Couper en "allumettes" (lanières courtes). Badigeonner avec l'œuf.
Mettre sur une tôle à four chaud (220 °C, thermostat 6) pendant 10 à 15 mn.

Se sert à l'apéritif.

Brioche aux gratons

Ingrédients :

240 G DE FARINE DE PETIT ÉPEAUTRE • 3 ŒUFS ENTIERS • 125 G DE BEURRE • 10 G DE SUCRE • 1 SACHET DE LEVURE DE BOULANGER • 30 G D'EAU - 5 G DE SEL • 100 G DE GRATONS HACHÉS

Préparation :

Mélanger farine, œufs, sel, sucre et levure, et pétrir de manière à obtenir une pâte élastique. Incorporer le beurre et finir de pétrir. Laisser la pâte au réfrigérateur de 6 à 12 heures.
Hacher grossièrement les gratons. Étaler la pâte ; mettre dessus les gratons, rouler en boule. Couper en 2 ; rouler en 2 boules. Laisser lever 2 heures.
Badigeonner de jaune d'œuf au pinceau.
Mettre au four (thermostat 7, soit 240 °C) pendant 25 mn, en surveillant.

Se consomme chaud ou tiède. La brioche aux gratons perd beaucoup à être mangée froide.

Cake aux olives vertes

Ingrédients :

100 G D'OLIVES VERTES DÉNOYAUTÉES (RINCÉES, ÉGOUTTÉES) • 200 G DE JAMBON (CRU OU CUIT, FUMÉ OU NON) EN PETITS DÉS • 150 G DE FROMAGE DE COMTÉ RÂPÉ • 3 ŒUFS ENTIERS • 1 DL D'HUILE • 1 DL DE VIN BLANC • 1/2 CUILLÈRÉE À CAFÉ DE SEL • 200 G DE FARINE DE PETIT ÉPEAUTRE • 1/2 SACHET DE LEVURE CHIMIQUE

Préparation :

Mélanger les olives, le jambon, le gruyère râpé. Veiller à ce que le gruyère râpé ne forme pas des petits tas.

Battre œufs, huile, vin blanc, sel ; ajouter la farine et la levure. Bien battre. Le mélange doit être homogène.

Mélanger les deux préparations.

Verser dans un moule à cake chemisé.

Mettre au four (thermostat 5-6, env. 200 °C) pendant 1 heure.

Se consomme chaud ou tiède.

Tranchettes
(Apérépeautres - Goûtépeautres)

Ingrédients :

BASE DE LA PRÉPARATION : 250 G DE FARINE DE PETIT ÉPEAUTRE • 1/2 CUILLÈRE À CAFÉ DE SEL • 1 SACHET DE LEVURE DE BOULANGER • 3 ŒUFS ENTIERS • 1 CUILLÈRE À SOUPE D'HUILE D'OLIVE • 250 G D'AMANDES MONDÉES • *POUR LES APÉRÉPEAUTRES :* HERBES MOULUES • OLIVES NOIRES DÉNOYAUTÉES • OLIVES VERTES DÉNOYAUTÉES • *POUR LES GOÛTÉPEAUTRES :* MIEL • SUCRE VERGEOISE • PÉPITES DE CHOCOLAT

Préparation des Apérépeautres :

Battre la farine, le sel, les œufs, l'huile et la levure. Faire lever la pâte dans un endroit tiède.

Plonger les amandes dans l'eau bouillante ; les égoutter ; enlever la peau ; incorporer les amandes à la pâte.

Diviser la pâte en 3 pâtons ; incorporer : à l'un, des herbes moulues (thym, origan, romarin, sarriette…) ; au deuxième, les olives noires ; au troisième, les olives vertes.

Former des petites baguettes. Laisser de nouveau lever 15 mn.

Cuire 20 mn en surveillant, dans un four à 200 °C (thermostat 5).

Couper en mini-tranches et les faire sécher au four 5 mn.

Préparation des Goûtépeautres :

La même, sauf qu'on incorporera à la pâte répartie en 3 pâtons : à l'un, le miel ; à l'autre, le sucre ; au troisième, les pépites de chocolat.

Soupe à la farine de petit épeautre

Ingrédients :

40 G DE BEURRE • 50 G DE FARINE DE PETIT ÉPEAUTRE • 1 L DE BOUILLON DE LÉGUMES • SEL, POIVRE • 1 JAUNE D'ŒUF • 3 OU 4 CUILLÈRES À SOUPE DE CRÈME FRAÎCHE • DES HERBES AROMATIQUES FRAÎCHES : BASILIC, OU PERSIL, OU CIBOULETTE

Préparation :

Faire revenir la farine dans le beurre. Ajouter le bouillon en prenant soin de ne pas faire de grumeaux.

Porter à ébullition et laisser frémir 10 mn.

Battre le jaune avec la crème. Ajouter à la soupe.

Servir avec les herbes fraîches hachées.

Soupe à l'oignon

Ingrédients :

BEURRE OU HUILE • 2 GROS OIGNONS • 1 TASSE DE PETIT ÉPEAUTRE • 1 L DE BOUILLON DE LÉGUMES • SEL, POIVRE • GRUYÈRE EN LAMELLES • TRANCHES DE PAIN D'ÉPEAUTRE

Préparation :

Dans la matière grasse, faire cuire les oignons émincés (au moins 1/4 d'heure) et les laisser dorer. Ajouter le petit épeautre et le bouillon. Rectifier l'assaisonnement. Faire cuire environ 40 mn.

Découper des tranches de pain de petit épeautre, fines ; les griller.

Poser les tranches de pain sur le bouillon versé dans un récipient allant au four et poser sur les tranches de pain des lamelles de gruyère.

Passer sous le gril du four jusqu'à ce que le dessus soit coloré.

Variante :

On peut aussi ajouter un peu plus de petit épeautre : la soupe n'en sera que plus roborative.

Soupe aux quenelles de petit épeautre

Ingrédients :

1 L DE BOUILLON DE LÉGUMES • 40 G DE BEURRE RAMOLLI • 1 ŒUF ENTIER • 100 G DE FARINE DE PETIT ÉPEAUTRE MOULU FIN • 50 G DE FROMAGE RÂPÉ (GRUYÈRE OU PARMESAN OU UN MÉLANGE DES DEUX) • 50 G DE PETIT SUISSE, DE FROMAGE FRAIS OU BATTU • 4 CUILLÈRES À SOUPE DE PERSIL HACHÉ (2 + 2) • SEL, POIVRE, NOIX MUSCADE

Préparation :

Battre ensemble beurre, œuf, farine, fromage râpé et fromage frais, 2 cuillères de persil ; sel, poivre, muscade ; façonner de petites quenelles.
Faire bouillir le bouillon.
Plonger les quenelles dans le bouillon. Laisser frémir 5 mn. Retirer du feu, saupoudrer avec le persil restant (2 cuillères).

Servir immédiatement (se consomme très chaud).

Variante :

On peut évidemment façonner des boulettes en lieu et place des quenelles.

Soupe de légumes

Ingrédients :

2 CAROTTES • 1 POIGNÉE DE HARICOTS VERTS • 2 OIGNONS • 1 GOUSSE D'AIL • 1 BRANCHE DE CÉLERI • 2 CUILLÈRES À SOUPE DE FARINE DE PETIT ÉPEAUTRE • 2 TASSES DE PETIT ÉPEAUTRE EN GRAINS • BEURRE OU MARGARINE OU HUILE • 1 L DE BOUILLON (OU D'EAU)

Préparation :

Faire rissoler les oignons émincés dans la matière grasse.
Ajouter les autres légumes coupés en rondelles ou en cubes.
Ajouter la farine de petit épeautre, puis le bouillon. Verser les deux tasses de petit épeautre en grains.
Porter à ébullition et laisser frémir 40 mn. (On peut réduire le temps de cuisson en utilisant un autocuiseur).

Servir très chaud.

Soupe de petit épeautre

Ingrédients :

POUR 8 PERSONNES : 1 KG DE PETIT ÉPEAUTRE EN GRAINS • 8 PETITES CAROTTES • 4 POIREAUX • 4 PETITES CÔTES DE CÉLERI • 1 SAUCISSE DE COUENNE • 1 MORCEAU DE GIGOT (OU DE COLLIER) D'AGNEAU • 1 JARRET DE VEAU • 1 POULE • SEL, POIVRE • 1 BOUQUET GARNI (GROS)

Préparation :

Faire tremper le petit épeautre la veille. Le matin, 3 heures 1/2 avant le repas, mettre dans l'eau froide les viandes et le petit épeautre. Porter à ébullition et laisser frémir 2 heures 1/2 à 3 heures après avoir assaisonné et ajouté un gros bouquet garni.

Mettre à part la saucisse de couenne dans une casserole d'eau. Porter à ébullition et laisser frémir 30 mn. Une demi-heure avant le repas, ajouter les légumes aux viandes et au petit épeautre. Saler, poivrer.

Servir les viandes et la saucisse sur un plat avec les légumes ; le bouillon dans une soupière ; le petit épeautre dans un plat creux. Chacun se sert comme il veut, mettant le bouillon à part dans un bol, ou au contraire le versant sur viandes, légumes et petit épeautre servis dans une assiette creuse.

Pour garder intact le goût subtil et délicieux du petit épeautre, éviter moutarde, sauce tomate américaine et mayonnaise. On peut en revanche écraser à la fourchette un peu de petit épeautre dans le bol de bouillon ; celui-ci en devient plus épais et plus goûteux.

Passer légumes et petit épeautre à la moulinette est une hérésie. Mais si le cœur (ou l'estomac) vous en dit…

Salade de petit épeautre au cantal

Ingrédients :

SALADE FRISÉE • CAROTTES, CÉLERI, NAVET RÂPÉS • POMMES EN TRANCHES • DU CANTAL COUPÉ EN DÉS OU EN LAMELLES • POIREAU • DU PETIT ÉPEAUTRE • *SAUCE :* HUILE D'OLIVE • VINAIGRE • CITRON • MOUTARDE

Préparation :

Faire cuire le petit épeautre selon la "préparation de base" (voir plus haut). Le laisser refroidir.

Préparer les divers légumes. Sur une assiette, déposer un petit tas d'épeautre moulé dans une petite passoire, et un peu de chaque légume râpé.

Préparer la sauce et la servir.

Variante :

On peut assaisonner le petit épeautre avant de le mouler et le placer sur l'assiette.

TABOULÉ DE PETIT ÉPEAUTRE
(Taboulépeautre) *

INGRÉDIENTS :

200 G DE PETIT ÉPEAUTRE EN GRAINS • 4 CITRONS (JUS) • 4 TOMATES • 1 CONCOMBRE • 3 POIVRONS (1 JAUNE, 1 ROUGE, 1 VERT) • DE LA MENTHE FRAÎCHE • SEL, POIVRE • 4 CUILLÈRES À SOUPE D'HUILE D'OLIVE

PRÉPARATION :

Préparer le petit épeautre suivant la "préparation de base" (voir plus haut).
Verser le jus des 4 citrons. Couper en petits dés tomates, concombre, poivrons et les mélanger délicatement au petit épeautre. Ajouter les feuilles de menthe, l'huile d'olive. Saler, poivrer, remuer de nouveau et délicatement pour ne pas écraser les grains du petit épeautre.
Passer quelques heures au réfrigérateur avant de servir (se consomme frais).

VARIANTE :

On peut faire aussi, à partir du "taboulépeautre", une salade qui peut servir de plat unique, en ajoutant par exemple : œufs durs, thon, crevettes, moules, maïs, etc.
On peut varier à l'infini, ou presque !

* Nous empruntons ce terme à *L'Alimentation Provençale* et la Santé, ouvrage publié en 1989 (2ᵉ édition) par la MUTUALITÉ SOCIALE AGRICOLE DE VAUCLUSE ; édition A. Barthélémy, Avignon.

CROISSANTS AU JAMBON
Recette rapide.

INGRÉDIENTS :

4 CROISSANTS • 4 TRANCHES DE JAMBON CUIT • 1/2 L DE SAUCE BÉCHAMEL (FAITE AVEC : 1/2 L DE LAIT, 3 GROSSES CUILLÈRES DE FARINE DE PETIT ÉPEAUTRE, 50 G DE GRUYÈRE RÂPÉ) • 50 G DE GRUYÈRE RÂPÉ

PRÉPARATION :

Ouvrir les croissants. Plier les tranches de jambon. Mettre sur une moitié de croissant un peu de béchamel, le jambon, de nouveau un peu de béchamel, du gruyère râpé.
Refermer les croissants. Mettre un peu de gruyère râpé sur le dessus des croissants.
Passer à four chaud (250 °C, thermostat 8) 5 à 10 mn, surveiller ; les croissants doivent être chauds à l'intérieur, mais pas noircis à l'extérieur !

Pizza

Ingrédients :

300 g de farine de petit épeautre • 60 g de lait • 60 g d'eau • 1 sachet de levure de boulanger sèche • 2 cuillères à soupe d'huile d'olive • sel • purée de tomates

Préparation :

La pâte : battre les ingrédients ; faire lever à l'abri des courants d'air dans un récipient recouvert d'un torchon. S'il ne fait pas assez chaud dans la pièce, allumer le four quelques minutes. Quand il est tiède, l'éteindre et y glisser la pâte à lever (environ 30 mn). Étaler la pâte (très fine couche) dans un moule quelconque, soit rond, soit rectangulaire.
Recouvrir d'une purée de tomates.
On peut ensuite varier les garnitures à l'infini, exemples :
oignons, jambon, champignons, olives, gruyère, parmesan, herbes ;
artichauts, jambon, olives, herbes, gruyère, parmesan ;
anchois, olives, gruyère, parmesan ;
fromage blanc égoutté, oignons, ciboulette, gruyère, parmesan ;
fromage blanc égoutté, mélangé à du roquefort, gruyère, parmesan, ciboulette…
Cuisson : 20-25 mn à four chaud (250 °C, thermostat 7-8). La pâte doit être bien cuite et le dessus doré.

Quiche aux brocolis

Ingrédients :

de la pâte brisée (confectionnée avec de la farine de petit épeautre) • 750 g de brocolis • 2 dl de crème • 3 œufs • sel, poivre, noix muscade

Préparation :

Faire cuire les brocolis à l'eau bouillante 3 à 5 mn al dente. Bien les égoutter.
Battre œufs et crème avec sel, poivre, muscade.
Étendre la pâte brisée et foncer un moule à tarte. Disposer les bouquets de brocoli sur le fond. Verser la crème.
Cuire à four moyen 200 °C (thermostat 5) environ 45 mn.
Voir la recette de la pâte brisée p. 105, au début de la recette de la tarte aux oignons.

Quiche lorraine

Ingrédients :

DE LA PÂTE BRISÉE (CONFECTIONNÉE AVEC DE LA FARINE DE PETIT ÉPEAUTRE)
Pour la crème : 3 œufs entiers • 25 cl de crème fraîche • *Pour la garniture de la quiche :* 1 tranche épaisse de jambon • 2 tranches de lard fumé • 2 tranches fines de lard non fumé

Préparation :

Préparer la pâte brisée.

Couper le lard en petits morceaux en enlevant la couenne. L'ébouillanter pour le dessaler. Couper le jambon en dés.

Étaler la pâte. Foncer le moule à tarte. Étaler le jambon et le lard.

Battre les œufs avec la crème, le sel et le poivre. Verser sur la tarte.

Cuire environ 30 mn à four chaud (240 °C, thermostat 7).

Servir doré. Voir la recette de la pâte brisée p. 105, au début de la recette de la tarte aux oignons.

Saucisson brioché

Ingrédients :

1 saucisson à cuire (truffé, pistaché : cervelas de Lyon) • 240 g de farine de petit épeautre • 3 œufs entiers • 120 g de beurre • 1 sachet de levure de boulanger • 1 jaune d'œuf • 1 pincée de sel

Préparation :

Faire la pâte la veille : faire une fontaine avec la farine, mettre les œufs, la levure, le sel. Incorporer cette pâte au beurre. Placer au frais jusqu'au lendemain. La veille également, mettre le saucisson piqué à coups de fourchette dans une casserole, couvrir d'eau et faire cuire, sans jamais porter à ébullition, 30 mn. Laisser refroidir dans l'eau de cuisson.

Le lendemain, sortir la pâte, la mettre à lever pendant au moins une heure. Entourer ensuite de pâte le saucisson dont on a enlevé la peau. Placer le saucisson brioché dans un moule à cake. Faire deux cheminées. Remettre à lever environ 1/2 heure.

Dorer au jaune d'œuf. Mettre à four pas trop chaud (200 °C, thermostat 5) environ 30 mn. La pâte doit être cuite et le saucisson chaud. Si nécessaire, sortir le saucisson du moule 10 mn avant la fin de la cuisson pour que les côtés soient également bien dorés. Découper au couteau électrique.

Variante :

On peut aussi faire la pâte 2 heures avant le repas et la faire lever tout de suite.

Tarte aux oignons

Ingrédients :
Pour la pâte brisée : 250 g de farine de petit épeautre • 125 g de beurre • 1 verre d'eau • sel • *Pour la garniture :* 3 ou 4 oignons (grosseur moyenne) • un peu de beurre • 1/4 de l de béchamel (avec farine de petit épeautre) • 2 œufs entiers • un peu de crème fraîche • quelques tranches de lard fumé

Préparation :

La pâte brisée :

Du bout des doigts, incorporer le beurre mou à la farine. Ajouter l'eau et le sel. Ne pas oublier de mouiller les mains pour pétrir.
Laisser reposer 1/2 heure. Étendre ensuite sur un plan de travail fariné.

La garniture :

Émincer 3 ou 4 oignons ; les faire cuire doucement au beurre. Faire une béchamel épaisse (farine, sel, poivre, noix muscade). Mélanger oignons et béchamel. Battre 2 œufs avec un peu de crème fraîche. Verser dans la préparation précédente. Faire griller quelques tranches de lard fumé. Les mettre au fond de la pâte piquée à la fourchette au préalable. Remplir la tarte de la sauce, de manière que celle-ci recouvre bien les tranches.
Mettre à cuire à four assez chaud au début (200 °C, thermostat 5), modéré ensuite (160 °C, thermostat 3).

Servir chaud.

Terrine de courgettes accompagnée de poivrons cuits et de petit épeautre en taboulé

Ingrédients :
4 courgettes • 2 tomates • 1 gousse d'ail • basilic • 1 cuillère à soupe (bombée) de farine de petit épeautre • 6 œufs entiers • un peu de gruyère râpé (selon le goût) • sel, poivre • 3 poivrons (1 rouge, 1 vert, 1 jaune) • 3 verres de petit épeautre en taboulé ou à la vinaigrette • sauce tomate fraîche • poivre, sel, basilic

Préparation :

Faire revenir les courgettes (préalablement épluchées et coupées en petits dés) dans un peu d'huile d'olive. Lorsqu'elles sont cuites, ajouter 2 tomates épluchées et épépinées, 1 gousse d'ail pressée, gruyère, poivre, sel, basilic haché pas trop fin. Battre les œufs entiers avec une bonne cuillère à soupe de farine de petit épeautre ; ajouter cette sauce aux courgettes. Mettre dans un moule à cake chemisé. Cuire 40 mn au bain-marie à four chaud (200 à 220 °C, thermostat 5-6) puis au moins 10 mn sans eau. Laisser refroidir dans son moule. Puis passer au réfrigérateur.

Se consomme froid, avec les accompagnements suivants :
Cuire au four dans la peau 3 poivrons. Une fois cuits, les éplucher et épépiner. Les tailler en lanières. Ajouter huile d'olive, sel, poivre, basilic. Laisser refroidir.
Petit épeautre en taboulé (voir plus haut la recette).
Au moment de servir : placer dans chaque assiette 2 tranches fines de terrine de courgettes. Placer entre les deux tranches une demi-boule de taboulé moulée avec une petite passoire. Décorer de quelques lanières de poivrons (des 3 couleurs). Napper de sauce tomate fraîche et saupoudrer de feuilles de basilic hachées.
Mettre en saucière le reste de la sauce tomate.

Filets de sole au petit épeautre

Ingrédients :

La quantité par personne est en fait variable, selon qu'il s'agit d'une entrée ou d'un plat unique. • 1 filet de sole par personne (sole, ou flétan, ou un autre poisson plat) • 1 crevette par personne (pour la décoration) • des moules • des quenelles de poisson • petit épeautre • champignons, variété "miniature" • poireau, carotte • Pour la sauce : un peu de crème fraîche • un peu de farine de petit épeautre

Préparation :

Faire cuire le petit épeautre suivant la "préparation de base" (voir plus haut).
Faire pocher les filets 5 mn au court-bouillon (sans faire bouillir).
Faire pocher les quenelles également au court-bouillon.
Faire chauffer quelques champignons miniatures.
Faire pocher quelques lanières de poireau et de carotte dans le court-bouillon.
Faire ouvrir les moules (un instant, à feu vif).
Préparer la sauce : prélever un peu du court-bouillon ; ajouter un peu de crème fraîche et de farine de petit épeautre ; battre et faire épaissir, en tournant pour lier la sauce, qui doit être onctueuse.
Disposer sur chaque assiette chaude un filet de poisson, crevette, moules et légumes, une ou plusieurs quenelles, et un petit tas de petit épeautre moulé dans une petite passoire. Napper le poisson et le petit épeautre de la sauce onctueuse.
Consommer immédiatement.

Variante :

Plus riche.
Ajouter aux ingrédients 3 ou 4 coquilles Saint-Jacques par personne.
Pour une vingtaine de coquilles : 100 g de beurre, 1 dl de vin blanc, 3 échalotes hachées très finement, 1 cuillère à soupe de persil haché, sel, poivre.
Faire bouillir et cuire environ 20 mn. Le jus de cuisson des coquilles servira de base à la constitution de la sauce (cf. ci-dessus) à la place du court-bouillon.
Le reste sans changement.

A table! Les recettes d'une ménagère

POISSON À L'AMÉRICAINE
ET SON ACCOMPAGNEMENT DE PETIT ÉPEAUTRE

INGRÉDIENTS :

POUR 6 PERSONNES : 1 KG DE LOTTE (ON PEUT ACHETER DES JOUES DE LOTTE) •12 LANGOUSTINES • 1 DL D'HUILE • 1 DL DE COGNAC • 1/2 L DE VIN BLANC • 2 GROSSES TOMATES ROUGES • 2 ÉCHALOTES • 3 OIGNONS • 1 GOUSSE D'AIL • 1 CUILLÈRE À SOUPE DE CONCENTRÉ DE TOMATE • PERSIL • THYM, LAURIER, ESTRAGON • POIVRE DE CAYENNE • SEL, POIVRE • ACCOMPAGNEMENT : PETIT ÉPEAUTRE, VOIR LA "PRÉPARATION DE BASE", VARIANTE N° 2 (AJOUTER SAFRAN ET CAYENNE).

PRÉPARATION :

Laver, éponger la lotte. La couper en morceaux.
Laver, égoutter les langoustines.
Peler les tomates, ôter les graines. Éplucher et hacher soigneusement les oignons et les échalotes. Les faire revenir dans l'huile.
Ajouter lotte, langoustines. Faire raidir. Ajouter la moitié du cognac et flamber.
Ajouter tomates, ail, persil, laurier, sel, poivre, cayenne.
Laisser mijoter 10 mn.
Ajouter le vin blanc, le reste de cognac, le concentré de tomate.
Laisser cuire encore 10 à 20 mn.
Passer la sauce au chinois ou ajouter du beurre manié avec de la farine de petit épeautre.
Servir très chaud, accompagné du petit épeautre présenté moulé dans une petite passoire et nappé de la sauce de la lotte.

BLANQUETTE DE VEAU AU PETIT ÉPEAUTRE

INGRÉDIENTS :

1 KG DE VEAU (DANS LES BASSES CÔTES) • 4 CAROTTES • 2 POIREAUX • 4 PETITS OIGNONS • 1 BOUQUET GARNI • SEL, POIVRE • 2 JAUNES D'ŒUFS • 250 G DE CRÈME FRAÎCHE • 2 CUILLÈRES DE FARINE (BOMBÉES) DE PETIT ÉPEAUTRE • 2 TASSES D'ÉPEAUTRE • HUILE, SEL, POIVRE, BOUQUET GARNI

PRÉPARATION :

Couper ou faire couper le veau en cubes d'environ 4 cm de côté. Mettre la viande à l'eau froide avec les carottes pelées, les poireaux épluchés et ficelés, les oignons entiers, le bouquet garni, sel, poivre. L'eau doit recouvrir la viande.
Porter à ébullition et laisser frémir pendant 1 heure.
Pendant que la viande cuit, préparer l'épeautre selon la variante 1 de la "préparation de base" (voir plus haut).
Quand la viande est cuite, battre les jaunes, la crème, la farine et ajouter environ 3/4 de litre de bouillon. Faire épaissir la sauce.
Servir la viande et les légumes, avec l'épeautre moulé à la passoire (petite) à raison d'un ou deux moulages par personne et arroser copieusement de sauce.

Escalopes de veau Lucullus

Ingrédients :

4 escalopes de veau • 1 morceau de veau à hacher • 4 tranches de jambon cuit • 80 g de gruyère • 250 g de champignons • 50 g de beurre • 2 dl de lait • 1 oignon • 1 échalote • de la crème fraîche • sel, poivre • 2 cuillères à soupe de farine de petit épeautre • *En accompagnement :* des champignons, du petit épeautre (voir la "préparation de base" ; ajouter un fond de veau)

Préparation :

Hacher l'oignon et l'échalote. Les faire revenir dans le beurre.

Hacher le veau et l'ajouter au hachis. Faire rissoler.

Laver les champignons, ôter l'extrémité des pieds ; les hacher ; les ajouter à la préparation précédente. Faire cuire. Saupoudrer des 2 cuillères à soupe de farine ; bien remuer. Ajouter le lait, saler, poivrer. Laisser cuire au moins 5 mn. Réserver au chaud.

Faire cuire les escalopes. Les disposer ensuite dans un plat à gratin. Disposer sur chacune le quart de la préparation précédente, qui doit être épaisse ; poser dessus une tranche de jambon et des lamelles de gruyère. Arroser de crème fraîche. Mettre à four chaud (260 °C, thermostat 8) pour gratiner.

Servir accompagné de champignons et de petit épeautre.

Variante :

Plus rapide : Au lieu de hacher du veau (qu'il faut faire cuire), on peut hacher un morceau de jambon (qui est déjà cuit). Dans ce cas : faire cuire le hachis d'échalote et d'oignon, puis les champignons ; ajouter le jambon, puis la farine, le lait,… Le reste sans changement.

Jambon à la crème
Recette rapide.

Ingrédients :

4 tranches de jambon cuit • 25 cl de crème fraîche • 1 cuillère à soupe (bombée) de farine de petit épeautre • 1/2 boîte de champignons de Paris • (éventuellement : 1 cuillère à soupe de grenache de Rasteau)

Préparation :

Faire chauffer le jambon dans une poêle, à feu doux.

Ajouter les champignons et éventuellement le grenache.

Délayer la farine dans la crème fraîche, puis verser sur la préparation précédente.

Faire bouillir à feu doux pendant 3 mn. Servir aussitôt.

Variante :

On peut évidemment utiliser l'équivalent en poids de champignons de Paris frais, ou de grisets du Ventoux, préalablement cuits.

Magrets de canard au petit épeautre

Ingrédients :
4 magrets de canard • 4 pêches • un peu de grenache de Rasteau • du petit épeautre (accompagnement) • de la graisse de canard • sel, poivre, cayenne

Préparation :
Faire cuire l'épeautre dans la graisse de canard selon la variante n° 1 de la "préparation de base" (voir plus haut), avec de petits lardons et des légumes.
Dans une poêle, faire sauter les magrets (qui devront rester roses à l'intérieur) en commençant par le côté de la peau. Faire cuire les pêches.
Au dernier moment, pendant que magrets et pêches sont tenus au chaud au four, déglacer la poêle où ont cuit les magrets avec le grenache. Faire bouillir. Y ajouter le jus des pêches. Rectifier l'assaisonnement avec une pointe de cayenne.
Servir très chaud.

Variante :
Pour une recette plus rapide, on peut prendre des pêches au sirop léger et incorporer un peu du sirop à la sauce.

Poulet au petit épeautre

Ingrédients :
Pour 6 personnes : 1 poulet éviscéré • beurre, huile, ou graisse du poulet • petit épeautre (3 verres) • quelques lardons • quelques petits oignons • 2 carottes • 1 poireau • 1 bouquet garni

Préparation :
Faire rissoler quelques lardons et quelques petits oignons ou 2 oignons coupés en tranches fines, dans du beurre, de l'huile ou la graisse du poulet (il y en a toujours un peu à prendre dans l'abdomen du poulet, quand on vérifie qu'il est correctement éviscéré) ; ajouter 2 carottes et le poireau en julienne. Enlever quand c'est doré ; mettre à la place et faire rissoler le poulet coupé en morceaux. Lorsque tout le poulet est doré, ajouter le petit épeautre. Continuer à faire rissoler. Remettre lardons et légumes. Ajouter 2 fois et demie le volume d'eau, c'est-à-dire 7 verres. Saler, poivrer, ajouter le bouquet garni.
Porter l'ensemble à ébullition. Laisser ensuite mijoter une petite heure à feu doux. Goûter pour voir si le poulet et le petit épeautre sont cuits.
Servir très chaud.

Variantes :
Ajouter un peu plus d'eau (8 verres) ; quand le poulet est cuit, ajouter dans le bouillon 1 jaune d'œuf battu dans un verre de crème fraîche. Faire épaissir sans ébullition. Servir aussitôt.
Poule à l'épeautre : même préparation, mais faire cuire 2 heures.

Crêpes à la sauce tomate

Confection des crêpes :
Voir la recette de base p. 125.

Ingrédients pour la sauce :
30 g de farine de petit épeautre • 30 g de beurre • 1/2 l de bouillon • 50 g de gruyère de comté râpé • 2 cuillères à soupe de concentré de tomate • sel, poivre • 1 jus de citron

Préparation :
Faire revenir la farine dans le beurre et ajouter peu à peu le bouillon en veillant à ne pas faire de grumeaux. Porter à ébullition, puis laisser frémir 5 mn.
Ajouter le gruyère râpé, puis le concentré de tomate, sel, poivre.
Vérifier l'assaisonnement et ajouter un filet de jus de citron.

Servir les crêpes nappées de cette sauce.

Crêpes à la sauce verte

Confection des crêpes :
Voir la recette de base.

Ingrédients pour la sauce :
1 oignon ou quelques échalotes, hachés • 2 gousses d'ail • 40 g de beurre • 40 g de farine de petit épeautre • 1/2 l de lait • 1 cube de bouillon de légumes • 100 g de crème fraîche • 1 gros bouquet d'herbes aromatiques fraîches : persil, ciboulette, thym, mélisse, estragon, basilic • 1 botte de cresson

Préparation :
Faire fondre le beurre ; ajouter les oignons ou échalotes ; faire blondir ; ajouter ail haché, farine, lait, bouillon. Cuire 5 mn à feu doux. Ajouter la crème et enlever du feu dès l'ébullition.
Ajouter les herbes hachées. La sauce est prête. La maintenir chaude, sans la laisser bouillir.

Servir les crêpes chaudes, nappées de la sauce.

CRÊPES AUX COURGETTES

INGRÉDIENTS :

200 G DE FARINE DE PETIT ÉPEAUTRE • 2 ŒUFS ENTIERS • 1/2 L DE LAIT • 1 CUILLÈRE À SOUPE D'HUILE D'OLIVE • 2 GOUSSES D'AIL • 250 G DE COURGETTES • 3 BRINS DE THYM • SEL, POIVRE, NOIX MUSCADE

PRÉPARATION :

Préparer la pâte : farine, œufs, sel, lait, huile. La laisser reposer au moins 30 mn.
Presser l'ail et l'incorporer à la pâte.
Laver les courgettes, enlever les extrémités, les râper (pas trop fin) ; les incorporer à la pâte.
Laver le thym, l'effeuiller, l'incorporer.
Ajouter un peu de noix muscade râpée et du poivre.
Faire chauffer le four légèrement (50 °C ou thermostat 1) et y mettre un plat pour garder les crêpes au chaud.
Mettre un peu d'huile dans 2 poêles (ou utiliser une crêpière à mini-crêpes). Faire chauffer. Verser un peu de pâte. Sous un couvercle, faire dorer 2 à 3 mn. Retourner les crêpes et cuire à découvert le second côté. Mettre dans le plat du four au fur et à mesure que les crêpes sont cuites, après avoir auparavant effeuillé dessus un peu de thym.

VARIANTE :

On peut remplacer les courgettes par une quantité équivalente d'un autre légume vert, par exemple tétragones hachés et revenus dans le beurre avant de les incorporer à la pâte à crêpes.

CRÊPES À LA COURGE

INGRÉDIENTS :

200 G DE FARINE DE PETIT ÉPEAUTRE • 1 CUILLÈRE À SOUPE DE CRÈME FRAÎCHE • 1 ŒUF ENTIER • SEL • 200 G DE CHAIR DE COURGE • HERBES AROMATIQUES • HUILE OU BEURRE POUR LA CUISSON

PRÉPARATION :

Préparer une pâte avec la farine, la crème, l'œuf, le sel.
Ajouter la courge râpée fin. Rectifier l'assaisonnement. Si la pâte est trop liquide, ajouter un peu de farine de petit épeautre.
Faire cuire au choix 4 crêpes moyennes ou 8 petites dans la matière grasse.
Servir en accompagnement d'une viande ou avec une salade verte.

Ces crêpes peuvent également être consommées en dessert. Dans ce cas, ne pas mettre d'herbes aromatiques, mais saupoudrer de sucre ou arroser de miel.

Crêpes épaisses aux noisettes

Ingrédients :

40 cl d'eau • 1/2 cube de bouillon de légumes • 1 gousse d'ail • 200 g de petit épeautre moulu très fin • 100 g de noisettes hachées grossièrement • 2 œufs entiers • sel, poivre, noix muscade

Préparation :

Mettre l'eau à bouillir avec 1/2 cube de bouillon de légumes.

Verser l'épeautre dans le liquide bouillant, et laisser gonfler 5 mn en maintenant à feu très doux. Remuer pour empêcher une consistance collante. Puis, enlever du feu et laisser refroidir légèrement.

Ajouter alors œufs et noisettes, sel, poivre, muscade, ail écrasé.

Façonner avec les mains maintenues humides des crêpes épaisses. Les faire dorer des deux côtés dans du beurre.

Prêtes à être utilisées, elles attendront si elles sont maintenues au chaud dans le four à 50 °C (thermostat 1).

Ces crêpes servent d'accompagnement à une viande (par exemple entrecôte avec sauce marchand de vin : un mariage très heureux), à des champignons, notamment des grisets du Ventoux.

Variante :

On peut faire ces crêpes sans noisettes ! Auquel cas, n'utiliser qu'un œuf entier. A noter que l'absence des noisettes permet au goût (délicieux) du petit épeautre de s'épanouir davantage.

Fonds d'artichauts farcis

Ingrédients :

8 fonds d'artichauts • 250 g de champignons • 1 dl de crème fraîche • citron • 1/4 de l de lait • 60 g de beurre (30 + 30) • 30 g de farine de petit épeautre • 50 g de gruyère râpé • sel, poivre, noix muscade

Préparation :

Couper et ôter la partie sableuse des champignons. Les laver, les égoutter et les hacher. Les arroser avec quelques gouttes de jus de citron pour éviter qu'ils ne noircissent. Les verser dans un peu de beurre chaud (30 g) et les faire cuire jusqu'à disparition de tout le jus. Saler, poivrer.

D'autre part, faire une sauce béchamel avec 30 g de beurre, 30 g de farine de petit épeautre, 1/4 de litre de lait. Laisser cuire environ 5 mn. Ajouter sel, poivre, muscade. Ajouter le gruyère râpé.

Disposer les fonds d'artichauts dans un plat à gratin beurré. Remplir chaque fond de hachis de champignons. Napper avec la sauce blanche.

Placer le plat sous le gril du four. Laisser dorer et gratiner.

Petit épeautre à l'omelette

Ingrédients :

150 g de petits oignons • 2 gousses d'ail • 30 g de beurre ou de margarine • 200 g de petit épeautre • 1/2 l de bouillon • sel, poivre • 300 g de brocolis • des herbes aromatiques • 2 œufs entiers • 4 cuillères à soupe de lait • un peu d'huile ou de beurre pour cuire les omelettes

Préparation :

Mettre les petits oignons pelés et l'ail haché dans le beurre chaud jusqu'à ce qu'ils soient transparents. Les enlever. Mettre le petit épeautre à leur place. Faire revenir. Ajouter le bouillon, sel, poivre. Disposer les oignons sur le petit épeautre. Bien fermer la casserole avec un torchon et faire cuire 1 h en veillant à ce qu'il y ait assez de liquide. Au bout d'une heure, le liquide doit néanmoins être entièrement absorbé.

Faire cuire les brocolis à l'eau, les ajouter au petit épeautre. Ajouter aussi des herbes hachées. Mélanger délicatement.

Battre les œufs et le lait. Faire cuire deux omelettes très fines. Les rouler et les couper en tranches. Poser ces tranches roulées sur le petit épeautre et les brocolis. Servir immédiatement.

Variante :

Faire 2 grosses omelettes avec 8 œufs et 4 cuillères à soupe de lait. Les fourrer avec la préparation petit épeautre-brocolis-oignons.

Petit épeautre aux champignons

Ingrédients :

250 g de petit épeautre • 3/4 de l de bouillon (de légumes ou de viande) • 1 feuille de laurier • un peu de coriandre moulue • 1 oignon haché menu • 3 cuillères à soupe d'huile d'olive • 300 g de champignons • 1 cuillère à soupe de curry • 1 cuillère à soupe d'origan • 1 gousse d'ail • 1 branche de basilic • sel, poivre

Préparation :

Laver le petit épeautre, le faire cuire dans le bouillon. Ajouter laurier, coriandre, et laisser cuire 35 à 40 mn.

Pendant ce temps, faire revenir dans l'huile l'oignon haché. Ajouter les champignons et cuire environ 5 à 10 mn.

Ajouter l'épeautre, l'ail, l'origan, le curry. Rectifier l'assaisonnement. Hacher le basilic. En saupoudrer les légumes.

Servir chaud.

Variante :

Mettre dans un plat à gratin avec 100 g de gruyère râpé et 1 grosse cuillère de crème fraîche. Mettre à dorer sous le gril du four.

Petit épeautre aux légumes frais

Ingrédients :

250 g de petit épeautre en grains • 500 g de carottes • 500 g de céleris raves • 500 g de poireaux • 250 g d'oignons • 125 g de champignons de Paris • 125 g de petits pois • 1 l de bouillon (de légumes) • 1 dl de crème fraîche • 75 g de beurre • sel, poivre, noix muscade

Préparation :

Faire tremper l'épeautre la veille.

Couper en lanières carottes, céleris-raves, poireaux. Couper en fines lamelles les oignons.

Faire fondre le beurre et y faire revenir les oignons et les lanières des légumes. Leur ajouter le petit épeautre, le bouillon. Saler, poivrer.

Laisser mijoter à feu doux pendant 30 mn.

Couper les champignons en lamelles ; verser les champignons et les pois dans la préparation précédente. Laisser mijoter de nouveau, à feu doux, pendant 5 mn.

Râper un peu de noix muscade ; remuer ; et au moment de servir, verser un peu de crème fraîche.

Spätzle au petit épeautre

Les spätzle sont des pâtes traditionnelles, en Souabe, dans le sud de l'Allemagne ; elles sont actuellement faites soit avec de la farine de froment, soit avec de la farine de "grand épeautre Spelta" (et elles sont commercialisées telles quelles en France). Nous avons adapté la recette au petit épeautre et au goût français.

Ingrédients :

500 g de farine de petit épeautre • 5 œufs entiers • 250 g d'eau tiède (1/4 l) • 1 à 2 cuillères à café de sel

Préparation :

Battre la farine, les œufs, le sel, l'eau assez longuement. La pâte doit faire des bulles et être assez liquide. La laisser reposer 20 mn environ. Si, au moment de s'en servir, elle paraît trop épaisse (ce qui ne manque pas de se produire parfois, vu la grande quantité d'amidon que contient le petit épeautre), rajouter de l'eau (tiède).

Faire bouillir un grand faitout d'eau salée, avec une grande cuillère d'huile d'olive.

Plonger l'appareil à spätzle, au préalable, dans l'eau froide (l'y plonger au début de chaque phase des opérations). L'installer au-dessus de la marmite d'eau bouillante. Remplir de pâte de réceptacle, en ne remplissant qu'aux 3/4, puis, par un lent mouvement de va-et-vient (comme on ferait d'une râpe), former les pâtes, qui doivent être longues et fines, et qui tombent d'elles-mêmes dans l'eau bouillante. Quand le réceptacle est vide, plonger à nouveau l'appareil dans l'eau froide, remplir le réceptacle aux 3/4, et continuer...

Quand les pâtes, qui sont tombées au fond de l'eau, surnagent, les laisser encore quelques instants, puis les sortir avec une écumoire, les plonger dans une casserole d'eau tiède, et les égoutter aussitôt à fond. (Il est préférable de faire de petites quantités de pâtes à la fois, et de recommencer plusieurs fois les différentes phases de l'opération, en maintenant les pâtes déjà faites au chaud).

Accommoder les pâtes suivant les goûts : au beurre, dans des lardons, aux herbes, avec du fromage râpé (et passer au four)... En Allemagne, on met sur le dessus du plat une pincée de chapelure (revenue au beurre au préalable).

REMARQUES :

Pendant la fabrication des pâtes, l'appareil à spätzle doit sans cesse être plongé dans l'eau froide entre deux "tournées" ; sinon, la pâte colle. Et en fin d'opération, laisser tremper l'appareil dans beaucoup d'eau froide et décoller tous les restes avant de le laver à l'eau chaude. Bien le sécher.

Si on ne dispose pas d'un appareil pour faire les pâtes, on peut poser une petite quantité de pâte sur une planchette au bord de la marmite d'eau bouillante et découper des lanières de pâte avec un couteau en les faisant tomber dans l'eau au fur et à mesure.

On peut aussi mettre une petite quantité de pâte dans une passoire passée à l'eau froide au préalable et laisser la pâte tomber d'elle-même par les trous. Avant de remettre de la pâte, passer de nouveau l'instrument dans l'eau froide.

BRIOCHE FOURRÉE AUX POMMES

INGRÉDIENTS :

250 G DE FARINE DE PETIT ÉPEAUTRE • 10 CL DE LAIT • 40 G DE BEURRE MOU • 1 SACHET DE LEVURE DE BOULANGER • 30 G DE SUCRE EN POUDRE • 1 JAUNE D'ŒUF • 1 PINCÉE DE SEL • 300 G DE POMMES • 60 G DE RAISINS SECS • 1 ZESTE DE CITRON NON TRAITÉ • 20 G DE BEURRE • 1 BLANC D'ŒUF • 25 G DE NOISETTES OU NOIX (FACULTATIF) • UN PEU DE CRÈME FRAÎCHE (FINITION)

PRÉPARATION :

La pâte :

Mélanger lait, levure, sucre, jaune d'œuf, sel, farine et beurre. Pétrir pour obtenir une pâte souple et qui se détache du bord de la jatte. Couvrir et laisser lever.

Le fourrage :

Arroser les raisins d'eau bouillante (1/4 de litre environ).

Hacher grossièrement les noisettes ou les noix (si on veut les utiliser).

Râper les pommes une fois pelées et épépinées (pas trop finement).

Dans une poêle, faire fondre le beurre. Y faire dorer les pommes (ajouter éventuellement les noisettes ou les noix), le zeste ; incorporer le blanc d'œuf au mélange refroidi.

La brioche :

Beurrer et fariner une tôle rectangulaire ; y étaler la pâte sur une épaisseur de 1 cm.

Mettre le fourrage au milieu de la pâte étalée, dans le sens de la longueur, puis rabattre la pâte de chaque côté, de manière à constituer un pain allongé. Laisser reposer 10 mn.

Dessiner des entailles comme sur la baguette du boulanger. Badigeonner de crème fraîche.

Enfourner et faire cuire à four moyen (200 °C, thermostat 5), pendant 40 mn, en surveillant. Il faut que la brioche soit bien dorée.

Sortir du four et enlever de la tôle. Laisser refroidir.

CAKE AUX FRUITS CONFITS

Le cake d'Anne-Laure

INGRÉDIENTS :

250 G DE RAISINS SECS • 200 G DE FRUITS CONFITS DIVERS (EN PETITS CUBES) ET QUELQUES BIGARREAUX CONFITS • 1 PETIT VERRE DE RHUM • 175 G DE BEURRE • 125 G DE SUCRE EN POUDRE • 3 ŒUFS ENTIERS • 1/2 SACHET DE LEVURE CHIMIQUE • 200 G DE FARINE DE PETIT ÉPEAUTRE

PRÉPARATION :

Faire tremper à l'avance les raisins secs et les fruits confits dans le rhum (ils ne doivent pas nager dans le rhum, mais être humides).

Battre le beurre avec le sucre ; ajouter les œufs un par un, puis la farine et le 1/2 sachet de levure. Verser ensuite les fruits et remuer avec une grande cuillère jusqu'à l'homogénéité.

Mettre dans un moule à cake chemisé de papier sulfurisé.

Mettre au four (thermostat 5, soit 200 °C) environ 1 heure.

Démouler à chaud.

CONSERVATION :

Pour conserver le cake aux fruits, le laisser refroidir et l'envelopper dans une feuille d'aluminium. Le placer dans un endroit frais, mais pas au réfrigérateur.

Se conserve au moins 15 jours tel quel.

CLAFOUTIS

INGRÉDIENTS :

3 ŒUFS • 50 À 60 G DE SUCRE EN POUDRE • 75 G DE FARINE D'ÉPEAUTRE • 10 CL DE LAIT • 10 CL DE CRÈME FRAÎCHE • 1/2 SACHET DE LEVURE CHIMIQUE • 2 POMMES OU POIRES OU AUTRES FRUITS DE SAISON, GROSEILLES PAR EXEMPLE, OU MÊME, EN HIVER, FRUITS EN BOCAUX, BIEN ÉGOUTTÉS • ÉVENTUELLEMENT, PARFUM : VANILLE, RHUM, FLEUR D'ORANGER

PRÉPARATION :

Beurrer un plat allant au four, ajouter de la chapelure ou du son.

Disposer les fruits en tranches (pommes, poires,…) ou en moitiés (abricots, prunes,…) au fond du plat.

Battre ensemble les ingrédients de la pâte de manière à obtenir une crème très homogène. On peut éventuellement parfumer avec un peu de vanille (liquide ou en poudre), une cuillère de rhum, d'eau de fleur d'oranger, etc.

Verser la crème sur les fruits.

Mettre à four chaud environ 30 mn.

Peut se consommer tiède ou froid.

CRÈME AUX ORANGES
(ou autres fruits)

INGRÉDIENTS :

2 ORANGES (OU 2 BANANES, OU 1 PAMPLEMOUSSE, ETC.) • 1/2 L DE LAIT • 40 G DE SUCRE EN POUDRE • 80 G DE FARINE DE PETIT ÉPEAUTRE • VANILLE LIQUIDE (OU EN POUDRE) • 1/2 FEUILLE DE GÉLATINE HACHÉE • 50 G DE FROMAGE BLANC (PETIT SUISSE, FROMAGE BATTU, FROMAGE FRAIS) • 200 G DE CRÈME FRAÎCHE LIQUIDE

PRÉPARATION :

Mélanger le lait, la farine, la gélatine, le sucre, la vanille, dans une casserole. Ajouter le zeste d'une orange, râpé.

Porter à ébullition ; laisser bouillir 2 mn à feu doux, et en remuant jusqu'à ce que le mélange prenne de la consistance. Laisser refroidir en remuant de temps en temps.

Ajouter le fromage blanc au mélange tiède.

Battre la crème en chantilly, l'ajouter au mélange refroidi (en garder un peu pour la décoration).

Verser dans des coupes individuelles ou dans un compotier, et mettre au frais.

Au moment de servir, incorporer superficiellement des tranches d'orange (ou de pamplemousse, ou des rondelles de banane, ou autres fruits), et décorer avec un peu de chantilly.

Fruits en gratin

Ingrédients :

1 mangue • 2 kiwis • 1 pamplemousse • 1 ananas • 1 orange • des lychees • des poires • 5 jaunes d'œufs • 125 g de sucre en poudre • 60 g de farine de petit épeautre • 1/2 l de lait • 50 cl de crème fraîche liquide (pour chantilly) • vanille (liquide ou en poudre)

Préparation :

Battre les jaunes avec le sucre et la farine. Ajouter le lait bouillant. Cuire 5 mn à feu très doux. Ajouter la vanille. Laisser refroidir.

Éplucher les fruits. Les couper en fines tranches. Pour les agrumes, les détailler en quartiers et enlever toute la peau blanche.

Tapisser le fond d'assiettes creuses (des assiettes pouvant aller au four) avec les fruits, sans les faire se chevaucher.

Quand la crème est bien froide, monter la crème liquide en chantilly sans battre, en soulevant le mélange sans tourner.

Recouvrir de crème les fruits.

Mettre sous le gril préchauffé pour que le dessus se colore (5 mn maximum) : les fruits seront à peine tièdes, le dessus de la crème brûlant.

Servir sans attendre.

Gâteau au chocolat

(Four traditionnel)

Le délice d'Anne-Catherine

Ingrédients :

150 g de lait • 30 g de cacao en poudre • 70 g de beurre ramolli • 100 g de sucre en poudre • 80 g de farine de petit épeautre • 2 cuillères à café de levure chimique • 1 œuf entier

Préparation :

Délayer le cacao dans le lait bouillant.

Battre ensemble beurre, sucre, œuf ; ajouter farine, levure, lait cacaoté.

Mettre au four dans un moule chemisé (200 °C, thermostat 5).

Cuisson environ 20 à 25 mn, suivant la conformation du moule. Le gâteau doit rester moelleux, tout en ne collant pas.

Démouler le gâteau chaud et le laisser refroidir.

GÂTEAU AU CHOCOLAT

(Four à micro-ondes)

INGRÉDIENTS :

125 G DE CHOCOLAT NOIR À CROQUER • 125 G DE BEURRE • 125 G DE SUCRE EN POUDRE • 3 ŒUFS ENTIERS • 50 G DE FARINE DE PETIT ÉPEAUTRE • 20 G DE POUDRE DE NOISETTES OU D'AMANDES • 1 CUILLÈRE À CAFÉ RASE DE LEVURE CHIMIQUE • *GLAÇAGE :* 50 G DE CHOCOLAT • 20 G DE BEURRE • (OU UN GLAÇAGE TOUT PRÊT VENDU DANS LE COMMERCE).

PRÉPARATION :

Faire fondre le chocolat 2 mn avec 2 cuillères à soupe d'eau. Lorsque le chocolat est fondu, ajouter le beurre et mélanger pour obtenir une pâte lisse.

Battre les œufs entiers et le sucre jusqu'à ce que le mélange blanchisse. Ajouter la farine, la poudre de noisettes, la levure. Mélanger. Ajouter le chocolat fondu, mélanger. Verser la préparation dans un moule chemisé de papier sulfurisé (moule à cake de préférence).

Mettre dans le four à micro-ondes et faire cuire 8 mn (sur 8 si le four comporte 10 positions : environ les 3/4 de la puissance). Si le four ne comporte pas de plateau tournant, tourner d'1/4 de tour le moule toutes les 2 mn.

Sortir du four.

Laisser reposer. Préparer le glaçage : faire fondre le chocolat 2 mn, ajouter le beurre et remettre 30 secondes au four. Bien mélanger pour obtenir une pâte très lisse. Napper le gâteau démoulé et laisser refroidir.

GÂTEAU AU FROMAGE BLANC

INGRÉDIENTS :

65 G DE BEURRE MOU • 3 ŒUFS ENTIERS • 1 LIVRE DE FROMAGE BLANC (FROMAGE BATTU OU FROMAGE FRAIS BIEN ÉGOUTTÉ) • 125 G DE SUCRE EN POUDRE • 1 SACHET DE SUCRE VANILLÉ (OU UN PEU DE VANILLE LIQUIDE OU EN POUDRE) • 1/2 JUS DE CITRON • 1 ZESTE DE CITRON • 40 G DE FARINE DE PETIT ÉPEAUTRE (MOULUE FINE) • 1/2 SACHET DE LEVURE CHIMIQUE • UN PEU DE SON DE PETIT ÉPEAUTRE •

PRÉPARATION :

Battre le fromage avec les autres ingrédients.

Beurrer un moule un peu haut. Saupoudrer de son.

Mettre la préparation dans le moule et mettre au four à 160 °C (thermostat 3) environ 1 heure.

A la sortie du four, passer un couteau entre le moule et le gâteau pour le détacher.

Laisser refroidir. Démouler.

Gâteau au beurre salé

Ingrédients :

125 g de beurre demi-sel ou 125 g de beurre auquel on ajoute 1/2 cuillère à café de sel • 125 g de sucre en poudre • 200 g de farine de petit épeautre • 2 jaunes d'œufs • 1 œuf entier • 1 blanc d'œuf

Préparation :

Malaxer le beurre avec le sucre. Ajouter les jaunes et l'œuf entier. Ajouter la farine. Continuer à battre jusqu'à ce que la pâte soit très homogène.

Bien pétrir. Puis remplir un moule à tarte beurré et fariné ou recouvert de son de petit épeautre. Avec les doigts, passer un blanc d'œuf sur la pâte ainsi étalée. Bien lisser. Dessiner des stries à la fourchette. Piquer avec la fourchette un peu partout pour ménager des cheminées.

Mettre au four (200 °C, thermostat 5). Cuisson trois quarts d'heure. Vérifier la cuisson et éventuellement l'ajuster.

Lyonnais (gâteau)

Ingrédients :

5 œufs entiers • 200 g de beurre • 200 g de sucre en poudre • 260 g de farine de petit épeautre • 1 cuillère à café de levure chimique • 1 sachet de sucre vanillé • 2 grosses poires mûres ou au sirop • 500 g d'abricots mûrs ou au sirop • 12 pralines roses

Préparation :

Battre au fouet le beurre et le sucre, ajouter les œufs un à un, puis la farine, la levure, le sucre vanillé.

Verser dans un moule 1,5 cm d'épaisseur de pâte, disposer dessus les poires coupées en tranches fines, recouvrir de pâte et disposer les abricots coupés en deux, la partie bombée en dessous. Disposer les pralines de façon régulière.

Mettre à four moyen (180 °C, thermostat 4) pendant environ 1 heure. Surveiller. Laisser ensuite 10 mn dans le four éteint.

Servir froid.

Omelette norvégienne

Le régal de Vincent

Ingrédients :

1 L DE GLACE À LA VANILLE (OU VANILLE-ORANGE) • *1 SOCLE FAIT AVEC :* 2 ŒUFS ENTIERS • 50 G DE SUCRE EN POUDRE • 40 G DE FARINE DE PETIT ÉPEAUTRE • 1 CUILLÈRE À SOUPE DE GRAND MARNIER • 4 BLANCS D'ŒUFS • 25 G DE SUCRE GLACE • 1 VERRE DE GRAND MARNIER • *(GARDER UNE DEMI-COQUILLE D'ŒUF)*

Préparation :

Battre les jaunes avec le sucre. Ajouter la farine, puis la liqueur. Ajouter délicatement les blancs battus en neige en soulevant le mélange (sans battre). Étaler sur une feuille de papier sulfurisé en donnant la forme d'un rectangle légèrement plus large que le pain de la glace. Faire cuire 10 mn à four chaud. Laisser refroidir. Le socle est prêt.

Battre les blancs en neige, en ajoutant progressivement le sucre.

Poser la glace sur le socle, étendre les blancs, en ayant soin de recouvrir uniformément la totalité de la glace. Placer sur le dessus, au centre, la demi-coquille d'œuf en dissimulant ses bords en les recouvrant avec les blancs.

Mettre sous le gril pour faire cuire et colorer la meringue. Juste avant de sortir l'omelette norvégienne du four, porter à ébullition dans une casserole l'équivalent d'un petit verre de grand-marnier. A la sortie du four, verser la liqueur dans la coquille et enflammer.

Porter l'omelette flambante sur la table.

Petit épeautre au lait

Ingrédients :

100 G DE PETIT ÉPEAUTRE EN GRAINS • 700 G DE LAIT • VANILLE (UNE GOUSSE, OU LIQUIDE) • 50 G DE SUCRE EN POUDRE • 1 JAUNE D'ŒUF

Préparation :

Porter à ébullition 1/2 litre d'eau ; verser le petit épeautre lavé préalablement à grande eau ; le laisser bouillir environ 5 mn.

Porter le lait à ébullition avec la gousse de vanille (fendue) ou la vanille liquide. Égoutter l'épeautre, le verser dans le lait. Laisser mijoter à feu doux pendant 45 mn, en surveillant afin que le mélange n'attache pas.

Ajouter le sucre ; laisser cuire encore 15 mn, puis faire refroidir. Lorsque l'épeautre est un peu refroidi, ajouter le jaune d'œuf ; bien mélanger, mais sans écraser les grains d'épeautre.

Mettre la préparation ainsi cuite dans une coupe. Laisser refroidir.

Servir frais.

Variante :

Battre le blanc en neige. L'incorporer délicatement à l'épeautre (sans remuer, mais en soulevant le mélange). Dorer au four.

Servir tiède.

Reine de Saba

Ingrédients :

250 g de chocolat à croquer ou à cuire • 250 g de miel • 250 g de beurre • 6 jaunes d'œufs • 80 g de farine de petit épeautre • 1 sachet de levure chimique • 125 g de noisettes grillées hachées (ou d'amandes)

Préparation :

Faire fondre le chocolat. Ajouter le miel liquéfié. Ajouter le beurre ramolli mais non fondu, les jaunes d'œufs. Lorsque le mélange est homogène, ajouter la farine et le beurre, puis les noisettes.

Mettre à four chaud (220 °C, thermostat 6) dans un moule beurré et fariné. Faire cuire 1 heure. Vérifier avec une lame de couteau, qui doit ressortir propre.

Mettre sur une grille pour faire refroidir.

Se conserve bien au réfrigérateur.

Salade de fruits au petit épeautre

Ingrédients :

100 g de petit épeautre • 1 bâton de cannelle • 1 zeste de citron non traité • de la cardamome • 1 jus de citron • 100 g de raisins frais • 1 poire • 50 g de raisins secs • 50 g d'abricots secs • 2 cuillères à soupe de sirop d'érable (ou du sucre ou du miel) • 1 grand yaourt ou 2 petits

Préparation :

Cuire le petit épeautre à l'eau additionnée de cannelle, cardamome et zeste de citron, environ 40 mn. Bien égoutter. Faire refroidir après avoir enlevé les épices.

Préparer la salade avec le petit épeautre, les raisins coupés en deux et épépinés, la poire épluchée et coupée en dés, les raisins secs, les abricots secs coupés en petits dés.

Mélanger le jus du citron avec le yaourt et le sirop. Verser la sauce sur la salade.

Servir immédiatement.

Variante :

On peut utiliser d'autres fruits. Avec les baies (fraises, framboises), mélanger la sauce avec le petit épeautre. Disposer les baies sur le dessus.

Tarte aux prunes

Ingrédients :

DES PRUNES • 200 G DE FARINE DE PETIT ÉPEAUTRE • 1 CUILLÈRE À SOUPE DE MIEL OU 20 G DE SUCRE ROUX • 1 PINCÉE DE SEL • 1 SACHET DE LEVURE DE BOULANGER SÈCHE • 30 G DE BEURRE • 50 G DE LAIT TIÈDE • 1 ŒUF ENTIER

Préparation :

Battre tous les ingrédients. Si la pâte est trop compacte, ajouter un peu de lait (tiède). Faire lever dans un endroit tiède à l'abri des courants d'air pendant 30 mn.

Étaler la pâte sur une tôle assez grande, en ménageant des bords un peu plus hauts.

Disposer des demi-prunes dénoyautées sur la pâte, partie bombée en dessous. Saupoudrer de sucre.

Faire cuire à four chaud (200 °C, thermostat 5) environ 30 mn.

Tuiles

Ingrédients :

100 G DE SUCRE EN POUDRE • 40 G DE FARINE DE PETIT ÉPEAUTRE • 50 G DE BEURRE • 2 BLANCS D'ŒUFS • 40 G D'AMANDES NON MONDÉES EFFILÉES

Préparation :

Mélanger sucre et blancs d'œufs à la cuillère de bois pendant 3 mn au moins. Ajouter la farine, le beurre ramolli. Travailler à nouveau 3 mn. Ajouter les amandes.

Déposer la préparation par cuillères à café sur une tôle beurrée (9 à 12 selon la grandeur de la tôle. Attention ! les tuiles s'étalent et ne doivent pas se rejoindre).

Cuire 5 à 6 mn à four chaud (260 °C, thermostat 8). Après décollement, former très vite les tuiles, en les incurvant.

Vaguelettes du Rhône

Ingrédients :

Pour la pâte : 200 g de beurre • 200 g de sucre • 5 œufs entiers • 240 g de farine de petit épeautre • 1/2 sachet de levure chimique • 2 cuillères à soupe de cacao (bombées) • 1 boîte 4/4 de bigarreaux au sirop dénoyautés • *Pour le flan :* 1/2 l de lait • 100 g de beurre mou • 3 jaunes d'œufs • 1 œuf entier • 75 g de sucre • 75 g de farine de petit épeautre • vanille (en poudre ou liquide) • 1/3 de feuille de gélatine • *Pour la couverture :* 125 g de chocolat fondu • 2 cuillères à soupe de lait

Préparation :

La pâte :

Battre le beurre et le sucre, ajouter les œufs, la farine et la levure.

Étendre la moitié de la pâte sur une tôle rectangulaire assez grande pour que la couche de pâte soit de faible épaisseur. Ajouter 2 cuillères à soupe (bombées) de cacao à la moitié restante de la pâte. Étendre sur la première couche. Égoutter les bigarreaux. Enfoncer les cerises dans la pâte.

Cuire 30 mn à four moyen (180 °C, thermostat 4-5). Vérifier la cuisson. Laisser refroidir.

Le flan :

Battre les œufs, le sucre, la farine et un verre de lait froid prélevé sur le 1/2 litre. Ajouter la gélatine hachée. Faire bouillir le reste du lait. Le verser sur la préparation. Remettre à feu doux en remuant constamment jusqu'à ébullition. Laissez cuire quelques minutes.

Retirer du feu et ajouter la vanille. Laisser tiédir. Ajouter alors les 100 g de beurre mou et bien mélanger (avec un mixeur, et non un batteur) pour obtenir une crème lisse.

Quand le gâteau est bien refroidi, étaler la crème avec une spatule. Mettre au réfrigérateur.

Présentation finale :

Couvrir d'une couverture de chocolat fondu (soit achetée prête à l'emploi, soit obtenue avec du chocolat en morceaux fondu avec 2 cuillères à soupe de lait).

Servir et manger frais.

CRÊPES : RECETTE DE BASE

INGRÉDIENTS :

200 G DE FARINE DE PETIT ÉPEAUTRE • 2 ŒUFS ENTIERS • 1/2 L D'EAU MINÉRALE GAZEUSE OU DE BIÈRE OU 1/4 DE L D'EAU ET 1/4 DE L DE LAIT • SEL • 1 CUILLÈRE À SOUPE D'HUILE D'OLIVE

PRÉPARATION :

Préparer la pâte : farine, œufs, sel, eau minérale (bière, lait…), huile. Elle doit être fluide. La laisser gonfler 30 mn.

Si la pâte est trop épaisse au moment de faire cuire les crêpes, rajouter un peu de liquide.

Faire cuire les crêpes dans une poêle ou avec un appareil approprié.

Servir avec toutes sortes d'accompagnements. ★

On pourra maintenir au chaud les crêpes en les mettant, au fur et à mesure de leur fabrication, dans un plat maintenu dans le four à 50 °C (ou à thermostat 1), ou bien dans un plat posé sur une casserole d'eau bouillante.

★ *Voir plus bas la recette des gaufres p. 125.*

GAUFRES

INGRÉDIENTS :

150 G DE FARINE DE PETIT ÉPEAUTRE (MOULU FIN) • 3 ŒUFS ENTIERS • 50 G DE BEURRE • 1 CUILLÈRE À SOUPE D'HUILE D'OLIVE • 2 DL DE LAIT • SEL

PRÉPARATION :

Bien mélanger tous les ingrédients. Laisser reposer la pâte.

Faire cuire au gaufrier préalablement huilé.

On peut maintenir les gaufres chaudes dans le four (thermostat 2, 140 °C).

UTILISATION :

Les gaufres se consomment comme les crêpes ; on peut en faire un repas avec différents accompagnements, par exemple :
béchamel au jambon
béchamel aux champignons
béchamel au roquefort
fromages divers
confiture
sucre
chantilly
chocolat
sauce aux herbes (voir la "sauce verte" des crêpes vue plus haut p. 110).

Pains

Ingrédients :

400 G DE FARINE DE PETIT ÉPEAUTRE • 2 SACHETS DE LEVURE DE BOULANGER • 1 CUILLÈRE À CAFÉ DE SEL • 270 G D'EAU TIÈDE • *Pain aux olives : moitié de la préparation ; ajouter :* 50 G D'OLIVES NOIRES DÉNOYAUTÉES • *Pain aux noix : l'autre moitié de la préparation ; ajouter :* 50 G DE NOIX COUPÉES EN DEUX

Préparation :

Mélanger les ingrédients. Pétrir. Mettre à lever une heure.

Diviser la pâte en deux. Incorporer les olives à l'une des moitiés et les noix à l'autre. Faire lever à nouveau, dans un moule.

Mettre au four (200 à 250 °C, thermostat 4 à 7) :

10 mn dans le moule

10 mn sans le moule.

Pendant tout le temps de la cuisson, mettre et laisser un récipient plein d'eau dans un coin du four.

Variante :

On peut varier à l'infini la forme des pains en variant celle des moules : ronds, rectangulaires, moules à cake, etc.

Une idée amusante et commode : utiliser comme moules des vases en terre cuite du jardin (neufs et réservés à cet usage).

On peut aussi varier les ingrédients ; à la place des noix ou des olives noires, on peut mettre :

des herbes (romarin, thym, sarriette…) hachées

du cumin

du sésame

des oignons

des lardons tout petits

du gruyère

etc.

On peut aussi, à partir de la préparation de base, diviser la pâte en un certain nombre de petits pâtons à base d'ingrédients différents (cf. la liste non exhaustive ci-dessus). On colle les pâtons les uns aux autres avant de les faire cuire, en donnant à l'ensemble une forme agréable à l'œil : un arbre (sapin), une marguerite, une pyramide, ou des cercles concentriques.

Attention ! Les petits pains cuisent plus vite qu'un gros !

Petits pains aux raisins

Ingrédients :
250 g de farine de petit épeautre • 1/2 cuillère à café de sel • 1/2 cuillère à café de cannelle • 125 à 150 g de lait tiède • 1 sachet de levure de boulanger sèche • 50 g de margarine ou de beurre mou • 25 à 50 g de raisins secs • un peu de lait pour dorer • un peu de miel (si on veut sucrer les petits pains)

Préparation :
Mélanger la farine, le sel, la cannelle, le lait, la levure, et former une pâte homogène. Mettre à lever 1 heure. Ajouter les raisins. Battre.

Former environ 8 petits pains, les poser sur une tôle beurrée et faire lever à nouveau environ 15 mn.

Passer délicatement un peu de lait sur le dessus des pâtons avec un pinceau. Mettre à four chaud (220 °C, thermostat 6) pendant 30 mn. Inutile de préchauffer le four.

Les recettes d'un chef

Soupe au petit épeautre de Sault

Ingrédients :

(POUR 8 PERSONNES) : 300 G DE PETIT ÉPEAUTRE • 100 G DE HARICOTS BLANCS • 2 ANDOUILLES • 2 JARRETS DE PORC • 1 OIGNON • 6 CLOUS DE GIROFLE • 2 POIREAUX • CAROTTES • SEL, POIVRE

Préparation :

Rincer l'épeautre, les andouilles et les jarrets à l'eau froide.
Piquer l'oignon de 6 clous de girofle, ajouter poireaux et carottes.
Faire cuire l'épeautre et les haricots blancs avec les légumes dans une bonne eau, à feu doux, remuer fréquemment.
A part, faire cuire les 2 andouilles et les 2 jarrets pendant 30 mn ; rajouter à la soupe d'épeautre, saler, poivrer.
Laisser mijoter encore 30 minutes.

Un rêve d'épeautre : la salade Saltésienne.

Salade Saltésienne au petit épeautre

INGREDIENTS :

(POUR 8 PERSONNES) : 600 G DE PETIT ÉPEAUTRE • 1 POIVRON ROUGE • 1 POIVRON VERT • 1 OIGNON • 2 TOMATES • 2 GOUSSES D'AIL • 1 CITRON • 5 FEUILLES DE MENTHE • HUILE D'OLIVE • SEL, POIVRE

Préparation :

Rincer l'épeautre ; le faire cuire 45 minutes.

Hacher en julienne fine poivron rouge et vert, oignon, tomates, aulx.

Égoutter l'épeautre, le verser dans un saladier, incorporer la julienne, arroser d'huile d'olive, jus de citron, sel, poivre et les feuilles de menthe hachées, mélanger le tout.

Servir très frais.

A table ! Les recettes d'un chef

Salade folle aux pommes d'épeautre

Ingrédients :

(POUR 5 PERSONNES) : 1/2 SALADE (CRAQUANTE OU FRISÉE) • 300 G DE LARDONS (POITRINE FUMÉE) • *VINAIGRETTE :* SEL, POIVRE, MOUTARDE, VINAIGRE, HUILE D'OLIVE, AIL, PERSIL • 100 G DE FARINE D'ÉPEAUTRE • 1 ŒUF ENTIER • 50 G DE BEURRE • 1/4 DE L DE LAIT

Préparation :

Mettre dans une casserole le lait, le beurre, porter à ébullition et incorporer la farine d'épeautre en pluie, tout en remuant à l'aide d'un fouet hors du feu. Remettre sur le feu et faire épaissir cette pâte 5 mn et la faire dessécher. Ensuite ajouter sel, poivre et un œuf entier en remuant vivement le tout. Laisser reposer.

Préparer la salade en pyramide dans les assiettes, napper d'une vinaigrette au persil et à l'ail. Dans le même temps, faire revenir les lardons dans un peu d'huile d'arachide.

Pendant que vos lardons reviennent, faire chauffer la friteuse et préparer les pommes d'épeautre. A l'aide de deux petites cuillères, faire des boules de pâte et les mettre au fur et à mesure dans la friteuse. La cuisson terminée, égoutter dans un papier sopalin et les tenir au chaud.

Retirer les lardons et les tenir au chaud. Le temps venu, dresser les lardons sur la salade préalablement préparée et assaisonnée. Puis disposer les pommes d'épeautre chaudes.

Déguster chaud.

Cigares de pointes d'asperges à la cape brune d'épeautre, au fumet de morilles

Ingrédients :

(POUR 6 PERSONNES) : 2 KG D'ASPERGES VERTES DE PAYS • *POUR LA PÂTE À CRÊPES :* 250 G DE FARINE D'ÉPEAUTRE • 2 ŒUFS • 1/4 DE L DE LAIT • 1/4 DE L DE CRÈME • SEL FIN • *POUR LE FUMET DE MORILLES :* 20 G DE MORILLES FUMÉES ET SÉCHÉES • 1 OIGNON • 1 CAROTTE • 1 BOUQUET GARNI • *POUR LA FINITION :* 250 G DE BEURRE (DE BARATTE, À L'ANCIENNE) • 2 POIREAUX

Préparation :

Confectionner et laisser reposer la pâte à crêpes.

Trier et cuire les asperges à l'anglaise, réserver les têtes.

Préparer le fumet de morilles. Mettre les légumes coupés en fines brunoises dans une russe, ajouter les morilles lavées, assaisonner et mouiller avec un litre d'eau et cuire 30 mn sur un feu à découvert. Passer le fumet au chinois étaminé et réserver les têtes de morilles sur une assiette.

Confectionner 12 crêpes de 15 cm de diamètre.

Passer les pointes d'asperges au beurre dans un sautoir, assaisonner, déposer dans chaque crêpe les pointes d'asperges, rouler celle-ci de manière à former un cigare long et mince. Ainsi de suite pour toutes les crêpes.

Former une bague sur chaque crêpe à l'aide du vert de poireau cuit à l'eau.

Mettre les crêpes sur une plaque beurrée au four (200°) pendant 10 mn.

Faire raidir les morilles au beurre noisette, monter le fumet avec le reste du beurre, rectifier l'assaisonnement.

Dressage :

Napper le fond de chaque assiette de sauce, déposer sur chacune 2 cigares d'asperges, décorer de morilles.

Servir chaud.

Panier d'asperges au sabayon de basilic

Ingrédients :

(POUR 5-6 PERSONNES) : 30 G DE PURÉE SÈCHE • 50 G DE FARINE D'ÉPEAUTRE • 1 BLANC D'ŒUF • 150 G DE BEURRE • 50 G DE MIEL • 3 JAUNES D'ŒUFS • 100 G DE CRÈME FOUETTÉE • QUELQUES FEUILLES DE BASILIC • 50 G D'ÉCHALOTE • 2 KG D'ASPERGES ENVIRON (N° 17)

Préparation :

Pour les paniers :

Mélanger dans un cul de poule le beurre en pommade, la purée sèche. Y ajouter le miel, le blanc d'œuf et la farine d'épeautre. Laisser reposer 10 mn. environ. Puis étaler la pâte en cercles de 15 cm sur un papier sulfurisé. Cuire à 180° pour obtenir une couleur blanche et dorée. Dès sa sortie du four, la mettre sur une large gouttière.

Pour les anses des paniers, faire une pâte morte.

Faire cuire les asperges dans de l'eau salée infusée au basilic.

Pour le sabayon :

Faire réduire le fumet d'asperges. Après refroidissement, incorporer les œufs. Monter le sabayon au fouet à feu doux, puis incorporer le beurre en parcelles. Hors du feu, incorporer la crème fouettée ainsi que du basilic ciselé et assaisonner à point.

CRAQUANT D'ÉPEAUTRE AUX POINTES D'ASPERGES ET RAVIOLE DE FOIE GRAS AU BEURRE DE CERFEUIL

INGRÉDIENTS :

(POUR 5-6 PERSONNES) : 750 G DE FARINE D'ÉPEAUTRE • 500 G DE BEURRE • 4 ŒUFS • 150 G D'ÉPEAUTRE • 1 KG D'ASPERGES VERTES • 1 BOUQUET DE MENTHE FRAÎCHE • 100 G DE FOIE GRAS FRAIS • 2 BOUQUETS DE CERFEUIL • 1 BARQUETTE DE TOMATES CERISES

PRÉPARATION :

Pour les craquants :

Faire un feuilletage inversé à la farine d'épeautre ; dans le 5e tour, ajouter de l'épeautre cuit et frit au beurre clarifié et refroidi.

Détailler 12 abaisses en forme de cœur, dont 6 seront décorées, cuire les 6 non décorées entre deux plaques avec un intercalaire de un centimètre et les autres de deux centimètres.

Pour les asperges :

Éplucher les asperges, les botter. Les cuire avec une branche de menthe. Les égoutter.

Monter une sauce paloise allégée à la crème montée au dernier moment.

Pour les ravioles :

Faire la pâte à nouille avec la farine d'épeautre bien tamisée.

Colorer légèrement au concentré de tomates.

Détailler 24 cercles cannelés de 3 cm et 24 de 4 cm.

Les cuire séparément, étaler les petits cercles, dorer au jaune d'œuf.

Garnir le centre d'un morceau de foie gras roulé dans un hachis d'herbes.

Poser l'abaisse d'épeautre sur le dessus, bien coller.

Poser sur grille et cuire 5 mn à la vapeur.

Réduire la cuisson d'asperges à 2 dl, ajouter quelques pointes puis mixer avec 150 g de beurre, passer au tamis et ajouter 20 g de pluches de cerfeuil.

DRESSAGE :

Disposer au centre du plat les fonds de craquants en les regroupant. Y poser les asperges en laissant dépasser les pointes.

Napper de sauce mousseline, poser les craquants du dessus pour reformer une tourte. Décorer le centre de cerfeuil.

Disposer les ravioles en corolle et les napper de beurre de cerfeuil.

Blinis d'épeautre
à l'escalope de saumon poêlée au basilic

Ingrédients :

(POUR 6 PERSONNES) : POUR LE LEVAIN : 375 CL DE LAIT TIÈDE • 25 G DE LEVURE DE BOULANGER • 35 G DE FARINE D'ÉPEAUTRE TAMISÉE • *POUR LA PÂTE :* 3 JAUNES D'ŒUFS • 185 G DE FARINE D'ÉPEAUTRE TAMISÉE • 3 BLANCS D'ŒUFS • 2 PINCÉES DE SEL • *POUR LA SAUCE :* 1 DL. DE VIN BLANC • 2 ÉCHALOTES • 250 G DE BEURRE • 1 BOTTE DE BASILIC • GROS SEL, SEL FIN, POIVRE, VINAIGRE • 1 SAUMON DE 1,5 KG • 50 G DE BEURRE

Préparation :

Pour le levain :

Dans une terrine délayer au fouet la levure dans le lait tiède.

Y ajouter 35 g de farine. Réserver à température ambiante.

Habiller et vider le saumon. Lever, parer les filets. Réserver au frais.

Pour la pâte :

Ajouter à la spatule 185 g de farine d'épeautre tamisée et les jaunes d'œufs. Réserver.

Effeuiller le basilic. Blanchir dans l'eau bouillante, rafraîchir aussitôt à l'eau glacée. Mixer jusqu'à l'obtention d'une purée. Fouetter les blancs bien ferme, les incorporer à la pâte. Cuire les blinis.

Pour la sauce :

Réduire à sec le vin blanc, l'échalote ciselée, un trait de vinaigre, crémer, monter au beurre, passer au chinois, assaisonner.

Saumon :

Poêler les escalopes de saumon et les tenir mi-cuites.

Dressage :

Dresser les blinis sur une assiette, les saumons dessus, la sauce autour, à laquelle vous aurez ajouté la purée de basilic. Agrémenter de feuilles de basilic.

A table! Les recettes d'un chef

Un duo : l'épeautre et le saumon.

Crêpe parmentière de saumon à la farine de petit épeautre du Ventoux et crème de petit fumé

Ingrédients :

(POUR 6 PERSONNES) : POUR LA CRÊPE DE SAUMON : 6 ESCALOPES DE SAUMON • 100 G DE FARINE DE PETIT ÉPEAUTRE • 600 G DE POMMES DE TERRE • 2 DL DE CRÈME LIQUIDE • 3 ŒUFS • 3 BLANCS D'ŒUFS • SEL FIN, CAYENNE, GROS SEL • *POUR LA SAUCE :* 100 G D'ÉCHALOTES • 1/2 L DE FUMET • 1 DL DE NOILLY • 100 G DE SAUMON FUMÉ PRÉ-TRANCHÉ • 1/2 L DE CRÈME FLEURETTE • 250 G DE BEURRE • *FINITIONS :* 50 G D'ŒUFS DE SAUMON • 1 BOUQUET DE CIBOULETTE

Préparation :

Pour la crêpe de saumon :

Éplucher et couper en quartiers les pommes de terre, les mettre à cuire au départ dans l'eau froide salée. Une fois cuites, les égoutter et les passer au presse-purée dans la casserole de cuisson.

Dessécher sur feu doux pour enlever l'excédent d'eau.

Après refroidissement, incorporer la farine d'épeautre, puis les œufs et les blancs un par un. Terminer par la crème jusqu'à l'obtention de l'appareil ayant la consistance d'une crème pâtissière assez épaisse. Assaisonner de sel et cayenne et réserver l'appareil au frais.

Donner aux escalopes de saumon une taille régulière à l'aide d'un emporte-pièce et les assaisonner.

Préchauffer une poêle anti-adhésive avec un peu de beurre clarifié. Graisser largement des cercles à tartes moyens (8 cm de diamètre environ) et les déposer dans la poêle. Couler à l'intérieur de la crème à mi-hauteur. Disposer au centre l'escalope de saumon. Cuire à four chaud 3 mn en protégeant le saumon d'un papier aluminium. Retourner délicatement la crêpe et terminer la cuisson 2 mn au four.

Pour la sauce :

Ciseler finement l'échalote et ajouter la farine délayée avec le noilly. Mouiller avec le fumet et laisser réduire de moitié. Ajouter la crème fleurette et maintenir à petite ébullition.

Couper en petits dés le saumon fumé et l'incorporer à la sauce une fois obtenu l'épaississement désiré.

Monter au beurre sur le coin du fourneau. Rectifier l'assaisonnement et réserver au bain-marie.

Couper la ciboulette de moitié de manière à ne garder que les sommets. Réserver les œufs de saumon dans un peu d'eau citronnée.

DRESSAGE :

A l'assiette

DUO DE SAUMON SERVI SUR PETITS BLINIS TIÈDES À LA FARINE D'ÉPEAUTRE

INGRÉDIENTS

(POUR 6 PERSONNES) : 150 G DE FARINE D'ÉPEAUTRE • 25 G DE LEVURE DE BOULANGER • 3,8 DL DE LAIT TIÈDE • 8 ŒUFS • 60 G DE FARINE BLANCHE DE BLÉ • 100 G DE BEURRE • 150 G DE SAUMON FUMÉ • 1,5 DL DE CRÈME DOUBLE • 3 DL DE CRÈME FLEURETTE • 20 G DE GRAINS D'ANETH • 1 BOTTE D'ANETH • 300 G DE SAUMON FRAIS • 20 G D'ŒUFS DE SAUMON • 2 CITRONS • SEL FIN, POIVRE

PRÉPARATION :

Pour les blinis :

Faire un levain avec 25 g de farine d'épeautre, 25 g de levure de boulanger et 12 cl de lait tiède. Laisser pousser à température ambiante pendant 1/2 heure environ.

Délayer ensuite le levain avec 20 cl de lait froid, ajouter 2 jaunes d'œufs, 125 g de farine d'épeautre et 60 g de farine blanche de blé. Monter 8 blancs d'œufs en neige bien ferme et les incorporer à la pâte.

Chauffer, beurrer des petites poêles à blinis et les remplir à moitié de pâte. Laisser cuire sur le coin du fourneau pendant 10 mn environ et les retourner au moyen d'une spatule. Les maintenir au chaud.

Pour la mousse de saumon fumé :

Passer au cutter, puis au tamis, 150 g de saumon fumé. Monter légèrement sur glace au fouet 1,5 dl de crème double et incorporer le saumon fumé. Vérifier l'assaisonnement et réserver au frais.

Pour la sauce fleurette à l'aneth :

Réduire 3 dl de crème fleurette avec 20 g de grains d'aneth séché. Passer au mixer et monter avec un peu de beurre. Saler et poivrer. La sauce doit être onctueuse. Au moment de servir, ajouter 20 g d'aneth ciselé.

Pour les escalopes de saumon :

Dans un filet de saumon frais, tailler 6 escalopes rondes à l'aide d'un emporte-pièce de 12 cm de diamètre. Saler et poivrer. Les poêler en les colorant sur les deux faces. Elles doivent être juste cuites.

DRESSAGE :

Mettre au centre de chaque assiette un blini tiède. Disposer dessus un peu de mousse de saumon fumé puis l'escalope de saumon frais. Décorer l'assiette avec de la mousse de saumon fumé, des œufs de saumon, des pluches d'aneth et des quartiers de citron pelé à vif. Servir la sauce fleurette à l'aneth dans une saucière à part.

POT-AU-FEU GAVOT À L'ÉPEAUTRE

INGRÉDIENTS :

(POUR 5 PERSONNES) : 500 G D'ÉPEAUTRE • 1 POULET FERMIER (1,5 KG) • 100 G DE POIS CHICHES • 1 PIGEON • 150 G DE COURGE • 1 PETITE ÉPAULE D'AGNEAU • 100 G DE CAROTTES • 200 G DE MURÇON • 50 G DE CÉLERI • 1 KG DE FARCE FINE • 100 G DE PETIT SALÉ • 4 PETITS POIREAUX • 2 L DE FOND (VOLAILLE, CANARD) • 1 BOUQUET GARNI

PRÉPARATION :

Tremper l'épeautre un jour et les pois chiches une nuit.

Faire cuire l'épeautre dans le fond avec l'épaule d'agneau farcie roulée et ajouter en fin de cuisson les légumes avec le petit salé blanchi.

Cuire les pois chiches à part.

Cuire le poulet en pot-au-feu ainsi que le pigeon en laissant rosé.

DRESSAGE :

Servir très chaud, dans un plat creux.

Hachis d'agneau mariné accompagné d'épeautre en robe de chou et son jus de figues

Ingrédients :

(POUR 6 PERSONNES) : 10 CÔTELETTES D'AGNEAU PREMIÈRES • 200 G DE CAROTTES • 200 G D'OIGNONS • 20 G DE SARRIETTE • 1 L DE CÔTES DU VENTOUX ROUGE • 250 G D'ÉPEAUTRE • 250 G DE BEURRE • 80 G DE FARINE • 1 CHOU • 200 G DE FIGUES SÈCHES • 1 BRANCHE DE LAURIER FRAIS • 50 G DE CRÈME ÉPAISSE • CERFEUIL, ANETH, CORIANDRE

Préparation :

Enlever la noix des côtelettes. Faire une marinade avec les carottes, les oignons, le vin rouge et la sarriette. Faire mariner les noix 1 h 30. Égoutter la viande. Avec la marinade faire un fond d'agneau.

Hacher la viande et confectionner des petites boules, les envelopper dans 4 feuilles de laurier (elles tomberont pendant la cuisson). Réserver au frais.

Réaliser un jus de figues :

Avec le fond d'agneau réduit, faire infuser les figues. Mixer. Passer à l'étamine. Lier avec un manié (80 g de beurre, 80 g de farine).

Cuisson de l'épeautre :

Cuire l'épeautre dans une grande quantité d'eau bouillante salée. Égoutter. Mettre une noix de beurre et assaisonner.

Cuisson de l'agneau :

Cuire l'agneau sur plaque dans un four à 180° pendant 12 minutes.

Faire confire les feuilles de chou :

Détacher les feuilles, les mettre dans une sauteuse avec très peu d'eau et une noix de beurre. assaisonner. Couvrir et cuire lentement. Les feuilles de chou sont cuites lorsqu'elles sont caramélisées.

Dressage :

Disposer les boulettes d'agneau en milieu d'assiette. Envelopper l'épeautre dans les feuilles de chou (2 par personne). Mettre ces papillotes en haut de l'assiette. Napper d'un cordon de jus de figues, décor au cornet empli de crème. Décorer avec le cerfeuil, l'aneth et la coriandre.

A table! Les recettes d'un chef

Délice des collines : épeautre et agneau.

Gratin d'agneau

Ingrédients :

(POUR 8 PERSONNES) : 200 G ENVIRON D'ÉPEAUTRE • 300 G ENVIRON D'AUBERGINES • 200 G ENVIRON DE CHAMPIGNONS DE GARGAS • 1 KG DE GIGOT D'AGNEAU • SAUCE BÉCHAMEL FLUIDE • GRUYÈRE RÂPÉ • 1 TÊTE D'AIL, SEL, POIVRE, NOIX MUSCADE, THYM •

Préparation :

Dans un plat à gratin :
Disposer l'épeautre déjà cuit.
Faire revenir les champignons, les émincer et les disposer en lit sur l'épeautre.
Couper les aubergines en dés, faire frire et les disposer en lit sur les champignons.
Couper le gigot d'agneau en dés, le faire revenir à l'ail et au thym.
Disposer dans le plat à gratin. Saler et poivrer.
Préparer une sauce béchamel fluide (une pincée de noix muscade).
Napper le tout. Disposer le gruyère râpé.
Passer au four chaud environ 10 minutes.

Servir avec salade verte et sauce anchoïade.

Millefeuille croustillant d'agneau et ses petits farcis de saison à l'épeautre

Ingrédients :

(POUR 5-6 PERSONNES) : 300 G DE FARINE D'ÉPEAUTRE • 200 G DE FARINE DE BLÉ • 10 G DE POUDRE DE NOIX • 50 G DE NOISETTES • 250 G + 50 G DE BEURRE • 20 CL D'EAU • 1 ML D'EXTRAIT DE NOIX • 1 PINCÉE DE SEL • 1 BOTTE DE MINI NAVETS • 150 G DE MINI TOMATES • 150 G DE MINI COURGETTES • 150 G DE MINI AUBERGINES • 100 G D'ÉCHALOTES • 50 G D'ÉPEAUTRE • 50 G DE THYM • 1 CAROTTE • 1 OIGNON • 1 SELLE D'AGNEAU (1 KG ENVIRON) AVEC PLAT DE CÔTES • 50 G DE LARDONS FUMÉS • 100 G DE BEURRE • 150 G D'ÉPINARDS • 10 CL DE VIN DE NOIX • 1 BOTTE DE CERFEUIL • 20 CL D'HUILE D'OLIVE

Préparation :

Pour le feuilletage :

Faire la détrempe avec 500 g de farine, 50 g de beurre, l'eau et le sel. Laisser reposer 20 mn puis ajouter 250 g de beurre dans la détrempe et mettre les tours de feuilletage.

Pour la selle d'agneau et les petits farcis :

Lever les canons puis les tailler en fines noisettes, réserver les parures pour les petits farcis et faire un fond d'agneau avec les os.

Faire cuire l'épeautre, réserver à part.

Préparer les mini légumes. Préparer les navets et les aubergines, faire une farce avec les échalotes, les lardons taillés très fin et les chairs des légumes. Ajouter poudre et extrait de noix. Pour les tomates et les courgettes, faire une bolognaise d'agneau, avec carottes, oignons, cerfeuil, thym. Garnir les mini légumes avec ces différentes farces complétées à l'épeautre. Les cuire à feu doux à l'huile d'olive et réserver.

Abaisser le feuilletage, et le préparer pour le montage du millefeuille, le cuire à 180°.

Les noisettes seront poêlées puis réservées. Faire suer des échalotes dans la poêle de cuisson, déglacer au vin de noix puis mouiller au fond d'agneau et monter au beurre. Faire suer les épinards.

Dressage :

Servir très chaud, dans un plat creux.

Galette de petit épeautre aux ris de veau

Ingrédients :

(POUR 6 PERSONNES) : POUR L'APPAREIL À GALETTE : 170 G DE FARINE DE PETIT ÉPEAUTRE • 200 G DE LAIT ENTIER • 80 G DE CRÈME FLEURETTE • 2 ŒUFS • 5 G DE LEVURE DE BOULANGER • POUR LES GARNITURES : 400 G BRUT DE PAUMES DE RIS DE VEAU • 600 G DE CÈPES (TÊTES ET PIEDS) • 2 PAQUETS D'OIGNONS FRAIS DE LÉZIGNAN • 150 G DE CRÈME FLEURETTE • 200 G DE BEURRE DOUX • 150 G DE GLACE DE VIANDE • SEL, POIVRE BLANC DU MOULIN

Préparation :

Appareil à galette :

Mélanger 200 g de lait tiède avec 5 g de levure de boulanger ; dans un bassin inox mettre les 170 g de farine d'épeautre, 2 jaunes d'œufs, sel et poivre, l'ajouter au reste et y joindre les 80 g de crème fouettée, puis les 2 blancs d'œufs battus en neige.

Laisser reposer la pâte une trentaine de minutes avant utilisation.

Préparation des garnitures :

Blanchir, peler et presser les ris de veau.

Nettoyer les cèpes, réserver les pieds pour la sauce et couper les têtes en brunoise assez grosse.

Ensuite sauter séparément ris de veau et cèpes au beurre mousseux et débarrasser en assiette sous papier film.

Nettoyer les oignons et les pocher doucement à l'eau salée. Une fois cuits, les couper aussi en brunoise et réserver.

Préparation du coulis de cèpes :

Prélever un quart des oignons, émincer les pieds de cèpes et faire suer le tout, mouiller à la glace de viande puis à la crème fleurette, laisser réduire à consistance, assaisonner puis passer au chinois et réserver. (On peut rehausser avec quelques gouttes d'essence de cèpes).

Cuisson des galettes :

Dans des cercles "matfer" de 10 cm et une poêle anti-adhésive. Graisser légèrement la poêle, la poser sur la plaque de cuisson, y ranger les cercles bien à plat, couler un peu d'appareil à galette afin de remplir le fond du cercle, y déposer un peu des trois garnitures puis finir de remplir le cercle avec l'appareil à galette. Cuire au four moyen (200°) durant 8 mn.

Dressage :

Au sortir du four, retourner les galettes, dresser sur assiette chaude et entourer du coulis de cèpes.

Râble de lapin farci et son gratin d'épeautre

Ingrédients :

(POUR 3 PERSONNES) : POUR LE LAPIN : 3 PIÈCES DE RÂBLE • 1 ŒUF • 300 G DE PLATINE DE LARD SALÉ • 1 CUILLÈRE DE CRÈME FRAÎCHE • 6 TOMATES • AIL, PERSIL, BASILIC, OIGNON, HUILE • *POUR LA FARCE :* 200 G DE VEAU • 200 G DE PORC • 80 G DE LARD SALÉ • HERBES (CIBOULETTE, PERSIL, AIL, OIGNONS, SEL ET POIVRE) • *POUR L'ÉPEAUTRE :* 480 G D'ÉPEAUTRE • 1 GOUSSE D'AIL • 1 L DE CRÈME FLUIDE • 100 G DE GRUYÈRE RÂPÉ • SEL, POIVRE, NOIX MUSCADE

Préparation :

Pour le râble farci :

Hacher le veau et le porc avec le lard et les herbes, mélanger le tout et rajouter 1 œuf et une cuillère à soupe de crème fraîche. Conserver la préparation au frais.

Désosser les râbles de lapin sans percer la peau qui relie les deux parties principales pour pouvoir rouler le tout.

Farcir les râbles. Bien étaler les râbles désossés, diviser la farce en trois parties et la disposer au centre du râble. Rabattre une partie après l'autre tout en serrant, pour bien emprisonner la farce. Larder puis ficeler. Conserver la préparation au frais.

Monder 6 tomates, les concasser. Faire revenir un oignon haché, ajouter les tomates concassées, puis l'ail, le persil, le basilic avec sel et poivre. Cuisson 10 mn.

Pour le gratin d'épeautre :

Gratter une gousse d'ail à l'aide d'une fourchette, au fond de votre plat à gratin. Disposer l'épeautre préalablement cuit 1 h 30 environ, égoutté mais non rincé. Recouvrir de crème, sel, poivre et noix muscade, et d'un peu de gruyère râpé.

Mettre au four jusqu'à ce que ce soit gratiné.

Jambonnette de volaille truffée aux céréales avec un ragoût de petit épeautre du Ventoux

aux rognons de coq et morilles fraîches dans sa coque croustillante d'artichauts

Ingrédients :

(POUR 6 PERSONNES) : POUR LA JAMBONNETTE TRUFFÉE ET SON RAGOÛT : 6 CUISSES DE VOLAILLES • 250 G DE CRÉPINETTE • 1 KG DE PETIT ÉPEAUTRE • 150 G DE FOIE DE VOLAILLES • 200 G DE CRÈME ÉPAISSE • 200 G DE GROS OIGNONS • 150 G DE POIREAUX • 150 G DE CAROTTES • 1 DL. DE JUS DE TRUFFES • 250 G DE MAÏS BLANCHI • 20 G DE TRUFFES • 250 G DE CHAIR DE VOLAILLE • 2 ŒUFS • 3 L DE FOND DE VOLAILLE (GRAS) • 1 TÊTE D'AIL • 1 CÔTE DE CÉLERI • 100 G DE NAVETS • 100 G DE GRAISSE DE VOLAILLE • SEL, POIVRE (1 PINCÉE) • *POUR LA GARNITURE* : 100 G DE CRÊTE DE COQ (FACULTATIF) • 6 ARTICHAUTS • 500 G DE PETIT ÉPEAUTRE • 80 G DE MORILLES FRAÎCHES • 100 G DE FARINE BLANCHE • 200 G DE CHAPELURE • 1 DL. DE VINAIGRE BLANC • 2 DL. D'HUILE D'ARACHIDE • 150 G DE GRAISSE DE VOLAILLE • 1 OS À MOËLLE • 300 G DE ROGNONS DE COQ • 200 G DE FARINE DE PETIT ÉPEAUTRE • 2 ŒUFS • 1 GROS OIGNON (ENV. 50 G) • 1 CITRON • 1 PINCÉE DE CIBOULETTE • GROS SEL, SEL FIN, POIVRE

Préparation :

Pour le plat :

Éplucher et tailler en gros mirepoix la garniture aromatique et piquer un oignon de clous de girofle.

Déposer la moitié de la garniture dans la cocotte minute, ajouter l'épeautre et mouiller largement avec du fond blanc de volaille (gras) et de l'eau. Laisser cuire 1/2 h.

Désosser les cuisses de volailles (garder les os pour la sauce) et les truffer en incisant la peau pour y introduire les lamelles. Assaisonner l'intérieur de sel et poivre et réserver au frais.

Mixer la chair de volaille, la passer au tamis fin, ajouter les œufs un par un puis terminer par la crème épaisse.

Une fois l'épeautre cuit, en égoutter la moitié que l'on fera sauter dans la graisse de volaille avec les dés de foie de volaille et les grains de maïs. Ajouter la préparation refroidie et égouttée à la farce de volaille, ajouter la truffe restante coupée en petits dés et farcir à la poche les cuisses de volailles.

Brider l'ouverture à l'aide de ficelle à gigot et entourer chaque jambonnette de crépine. Les colorer sur toutes les faces, les débarrasser pour ajouter les os et la garniture aromatique restante. Une fois le tout revenu, dégraisser si nécessaire, déposer les jambonnettes de volailles dessus, mouiller à mi-hauteur de fond et cuire à four moyen 30 minutes en arrosant fréquemment.

En fin de cuisson retirer les jambonnettes pour réduire le fond de braisage. Passer une seconde fois au chinois étaminé et terminer la sauce en la montant au beurre. En prendre une partie pour glacer les jambonnettes avant d'envoyer.

Pour la garniture :

Tourner les fonds d'artichauts, retirer le foin à l'aide d'une cuillère, les citronner et les cuire dans une eau salée et vinaigrée. Après cuisson, les égoutter, les refroidir et les réserver au frais.

Laver les rognons de coq et les blanchir, enlever la pellicule qui les entoure.
Laver les morilles fraîches et les hacher pour les plus grosses.
Éplucher, ciseler finement le gros oignon et le faire suer dans la graisse de volaille avec les morilles et les rognons coupés en deux. Déglacer avec un peu de fond de volaille et laisser cuire à petite ébullition.
En fin de cuisson, ajouter l'épeautre pré-cuit à la cocotte minute et rectifier l'assaisonnement.
Mélanger les deux farines pour paner les six fonds d'artichauts à l'anglaise et les frire.
Tailler six rouelles de moelle de bœuf et les pocher doucement dans un peu de fond de volaille.
Remplir les coques d'artichauts de ragoût d'épeautre, rognons de coq et morilles. Disposer au centre une rouelle de moëlle de bœuf, parsemer dessus un peu de gros sel et ciboulette ciselée.

Dressage :

Débarrasser les jambonnettes de leur ficelle et prétrancher d'une rouelle. Napper le centre du plat de sauce. Disposer en étoile les jambonnettes en alternance avec les ragoûts d'épeautre. Servir chaud avec une saucière à part.

LE PIGEON EN DEUX CUISSONS ET SON RISOTTO D'ÉPEAUTRE

Ingrédients :

(POUR 3 PERSONNES) : POUR LES PIGEONS : 3 PIGEONS (600 G) • 200 G DE FARINE DE PETIT ÉPEAUTRE • 3 ŒUFS • 1 GROS OIGNON • 50 G DE CÉLERI RAVE • 300 G DE COURGETTES • SARRIETTE ET THYM FRAIS • 1/2 PIED DE VEAU • 30 G DE LARD GRAS • 300 G DE FOIE DE VOLAILLES • 15 G DE TRUFFES • 50 G DE CHAMPIGNONS (PLEUROTES) • 50 CL DE CÔTES DU VENTOUX (ROUGE) • *POUR LE RISOTTO D'ÉPEAUTRE :* 1 KG DE PETIT ÉPEAUTRE • 50 G DE CAROTTES • 5 COURGETTES • 1 PETITE ÉCHALOTE • 1 L DE FOND BLANC • 50 G DE BEURRE • 1 BOUQUET GARNI

Préparation :

Pour les pigeons :

Préparer les pigeons, désosser les cuisses en ne laissant que l'os du pilon. Farcir d'une brunoise de champignons, de légumes et d'herbes fraîches. Reformer les cuisses en laissant le pilon en l'air. Les braiser à four lent avec un fond brun préparé avec les os des pigeons et le pied de veau.
Parer les suprêmes et les piquer de truffes et lard, les faire revenir côté peau. Les envelopper de film cuisson et cuire à la vapeur à 70°, 15 à 20 minutes (ils doivent rester très rosés).
Faire un petit ragoût avec les foies de volailles, les abats de pigeons et les champignons, lié au fond de braisage.
Faire la réduction au vin rouge à sec, y ajouter le fond de braisage dégraissé.

Pour la garniture :

Risotto d'épeautre :
Blanchir l'épeautre. Faire revenir 50 g d'oignons au beurre, y ajouter l'épeautre puis mouiller au fond blanc à hauteur. Ajouter un bouquet garni, cuire 20 mn environ au four comme un pilaw. Rectifier l'assaisonnement. Chemiser un moule à savarin de lames de courgettes. Mouler l'épeautre à l'intérieur, presser.
Paillassons de légumes :
Faire une julienne d'échalotes, de carottes et céleri blanchis puis courgettes, y incorporer les œufs et la farine d'épeautre, puis 150 g d'épeautre cuit, faire trois crêpes épaisses et moelleuses, les découper en forme de fleurons (en faire 6).

DRESSAGE :

Démouler au centre du plat le savarin d'épeautre. Garnir l'intérieur de ragoût puis disposer les cuisses confites. Placer tout autour les suprêmes escalopés en éventail. Napper le fond du plat et décorer le tour de pois de légumes.

PINTADES DE LA DRÔME À LA BIGARADE ET TIMBALES DE PETIT ÉPEAUTRE, GLACÉES AU CARAMEL DE MIEL ET D'ÉPICES

INGRÉDIENTS :

(POUR 6 PERSONNES) : 2 PINTADES FERMIÈRES D'1 KG • 0,8 L DE FOND BLANC DE VOLAILLE • 1/2 KG DE MIEL "TOUTES FLEURS" DE NYONS • 10 CL DE VINAIGRE DE VIN • 10 CL D'HUILE D'OLIVE DE NYONS • 250 G DE BEURRE DOUX • 15 G DE CANNELLE EN POUDRE • 10 G DE GINGEMBRE EN POUDRE • 5 CL DE CURAÇAO • 6 ORANGES AMÈRES DITES BIGARADES + 3 POUR LA PRÉSENTATION • 600 G DE PETIT ÉPEAUTRE DU VENTOUX • 2 CUILLERÉES À POTAGE DE FÉCULE DE POMMES DE TERRE • SEL, POIVRE DU MOULIN • *N.B. : À DÉFAUT DE BIGARADES, ON PEUT UTILISER DES ORANGES*

PRÉPARATION :

Flamber, vider les pintades, les assaisonner à l'intérieur de sel, poivre du moulin et de gingembre, les brider en entrée.

Préparer le fond de volaille si l'on n'en dispose pas à l'avance, et immerger les pintades par les cuisses d'abord, en maintenant les poitrines des volailles hors du liquide. Démarrage de la cuisson à froid. Au bout de 20 minutes immerger les bêtes entièrement et poursuivre la cuisson à basse température (70/80°) encore 20 autres minutes. Égoutter les pintades, les éponger avec un linge et les sécher au four doux quelques instants.

Faire alors chauffer le miel jusqu'à coloration dorée et qu'il ait la consistance d'un caramel doré ; ajouter le vinaigre et le beurre. A l'aide de ce mélange refroidi, badigeonner les volailles et les passer à four chaud pour former un glaçage (badigeonner à plusieurs reprises).

Évider les 6 bigarades pour en faire des timbales, lever les suprêmes des fruits. Prélever aussi les zestes des 3 oranges, les tailler en fine julienne et les blanchir à l'eau. Réserver.

Préparer le petit épeautre à la façon d'un pilaw de riz à l'huile d'olive et le mouiller avec le fond de cuisson des volailles.

Prendre le fond caramélisé du glaçage des pintades, saupoudrer la fécule de pommes de terre pour obtenir une fine liaison, déglacer avec le jus d'oranges et du fond de volaille. Donner un bouillon à la sauce, la passer au chinois, ajouter les zestes et finir cette sauce avec les 5 cl de curaçao.

DRESSAGE :

Sur un grand plat de service, disposer les suprêmes d'oranges, verser la sauce au fond du plat, poser les pintades et garnir avec les timbales remplies d'épeautre autour de celles-ci.

CAILLES FARCIES EN CRÉPINE ET PETIT RISOTTO D'ÉPEAUTRE

INGRÉDIENTS :

(POUR 6 PERSONNES) : 6 CAILLES • 300 G D'ÉPEAUTRE TREMPÉ PENDANT 12 HEURES • 30 G DE RAISINS SECS • 30 G DE NOISETTES HACHÉES • 80 G D'OIGNONS • 80 G DE CAROTTES • 1 JAUNE D'ŒUF • 1 CUILLERÉE DE PERSIL HACHÉ • 2 GOUSSES D'AIL • 1 BRANCHE DE CÉLERI • 1 CRÉPINE DE PORC • 100 G DE LARD GRAS • POUR LA SAUCE : 2 DL DE NOILLY • FOND DE VOLAILLE • 250 G DE BEURRE • THYM, LAURIER, CITRON, GROS SEL, SEL FIN, POIVRE

PRÉPARATION :

Mettre l'épeautre à cuire dans 3 volumes d'eau, une noisette de beurre et de gros sel pendant 30 minutes.

Flamber et vider les cailles, désosser entièrement, réserver au frais.

Faire cuire les carcasses, ajouter le citron, une julienne de carottes, oignons, mouiller à l'eau. Mettre thym, laurier, sel, poivre, laisser cuire 30 minutes.

Tailler le mirepoix, oignons, carottes, céleri et étuver doucement au beurre.

Pour la farce :

Mélanger la moitié de l'épeautre, le mirepoix, les raisins macérés dans le noilly, les foies et gésiers sautés, le jaune d'œuf et les noisettes légèrement tonifiées. Farcir les cailles, barder de lard et envelopper de crépine que l'on aura mise à tremper.

Cuire les cailles au four (200°) pendant 15 minutes.

Pour la sauce :

Déglacer la plaque de cuisson au noilly, mouiller au fond de caille et monter au beurre, passer au chinois, rectifier l'assaisonnement. Sauter l'épeautre restant au beurre, ajouter une persillade.

DRESSAGE :

Couper les cailles en deux, poser les deux moitiés face à face sur l'assiette légèrement chevauchées, mettre au centre le risotto, un cordon de sauce autour. Décorer de thym frais.

Cailles fourrées de mique aux abats sur petit épeautre du Ventoux et leurs œufs poêlés

Ingrédients :

(POUR 6 PERSONNES) : 6 CAILLES (GROSSES) • 12 ŒUFS DE CAILLES • 250 G DE PETIT ÉPEAUTRE (TREMPÉ D'UNE NUIT) • 100 G DE POITRINE FUMÉE • 100 G DE BARDE DE PORC • 100 G DE MIE DE PAIN DE CAMPAGNE • 1 ŒUF • 1 TÊTE D'AIL • 1 OIGNON • 1 CAROTTE • PERSIL, CERFEUIL • THYM, LAURIER, 1 VERT DE POIREAU • 150 G DE BEURRE DE BARATTE (À L'ANCIENNE) • SEL, POIVRE • 1 DL. DE SANG DE PINTADE • 5 CL DE COGNAC • 1 BOUTEILLE DE CHÂTEAUNEUF ROUGE

Préparation :

Mettre à cuire l'épeautre dans de l'eau avec un mique épais composé de poitrine, oignon, carotte et bouquet garni, cuire environ 35 minutes.

Parer et désosser les cailles, réserver foies et cœurs, marquer un fond brun de caille déglacé au vin rouge et mouillé à l'eau.

Mettre la mie de pain dans un cul de poule, y ajouter le jaune d'œuf, les foies et cœurs hachés, le reste de poitrine coupée en brunoise blanchie, l'ail et le persil hachés, le cognac et la moitié du sang

Malaxer le tout et fourrer les cailles, les barder et ficeler, saler et poivrer, réserver au frais.

Éteindre l'épeautre et le laisser dans son eau de cuisson.

Passer le fond de caille au chinois et le mettre à réduire de moitié. Il doit en rester 1/2 litre.

Mettre à cuire les cailles au four chaud 10 minutes (elles doivent rester rosées)

Lier la sauce au sang et la monter au beurre.

Égoutter et faire sauter l'épeautre dans du beurre noisette, y ajouter une bonne persillade pour en relever le goût, saler, poivrer (s'il y a lieu).

Poêler les œufs de cailles.

Dressage :

Mettre l'épeautre en dôme au milieu du plat, déposer les cailles déficelées autour, décorer avec les œufs, napper de sauce les cailles, mettre le reste en saucière, parsemer de cerfeuil.

L'I.G.P. (INDICATION GÉOGRAPHIQUE PROTÉGÉE) : LE PETIT ÉPEAUTRE

Devant le succès du "petit épeautre" ou engrain, en latin *Triticum Monococcum*, à ne pas confondre avec le grand épeautre de l'Europe du Nord (*Triticum spelta*), bien des semenciers se sont lancés dans des opérations étranges. Ils ont mis au point des hybrides plus productifs qu'ils nomment "petit épeautre".

En effet, si l'engrain, plafonne, en culture biologique, à une quinzaine de quintaux à l'hectare, certaines variétés hybrides modernes atteignent 80 à 90 quintaux à l'hectare ! Avec une productivité de quatre à six fois supérieure, due à une abondance de fongicides, herbicides et autres, on est beaucoup plus près d'un blé quelconque, bien sûr respectable, que de l'engrain.

Par ailleurs ces variétés sont vendues au prix du petit épeautre ou peu s'en faut, profitant de la renommée de ce dernier, mais elles n'ont pas ses qualités nutritives ou gustatives. En somme, pour le consommateur, une mauvaise affaire ! Excellente, en revanche, pour les semenciers ! La logique réclamerait un prix de vente beaucoup plus bas pour ces grains nouveaux, il n'en est rien. La logique réclamerait qu'on ne parle pas, à leur propos, d'une tradition millénaire, elles ont entre vingt et dix ans d'âge, il n'en est rien non plus.

Pour les qualités propres à l'engrain, on rappellera sa richesse en lipides, protides et glucides, son rendement énergétique et calorique : deux fois plus de lipides que le blé par exemple. Une céréale très digeste pour son abondance en fibres et l'équilibre de ses éléments minéraux (magnésium, phosphore, calcium). En ses protéines, se trouvent les huit acides aminés essentiels et la lysine, peu fréquente dans les autres céréales, ce qui fait de l'engrain un aliment complet.

Alors, comment faire pour s'y retrouver ? Rien de plus simple. Des paysans amoureux de leur pays et respectueux de leur patrimoine cultural ont décidé de protéger l'engrain, le vrai petit épeautre, celui d'il y a neuf à dix mille ans avant J.-C. Ils le cultivent sans chimie, sans les horribles "boues" que d'autres épandent, donc en l'absence du possible et sympathique prion, entre autres ! Ils se sont regroupés et ont formé, telle une tribu gauloise indomptable, une I.G.P. ("Indication géographique protégée") comme on le fait pour le vin, l'huile ou telle production. Ainsi, de Luc-en-Diois près du Vercors, à Pertuis vers la Durance, en passant par Gordes, Banon, Sault-de-Vaucluse, Forcalquier ou Buis-les-Baronnies, dans les pays du Luberon, de Lure, du Ventoux, de la Drôme, des paysans font du petit épeautre. Le vrai, celui des hommes de la préhistoire à nos jours, sain, en culture naturelle biologique, avec un logo moderne pour le reconnaître.

C'est le plus sûr moyen pour se régaler !

L'ÉPEAUTRE ET LE VIN

Avec l'épeautre, produit de terroir, aux qualités gustatives précises, à la fois longues en bouche et délicates, il faut des vins d'une terre proche. Ceux des Côtes du Ventoux s'imposent d'eux-mêmes. Ils sont nés dans le même air, reçoivent les mêmes pluies : ils se partagent les espaces. Sur les pentes les plus hautes, vient l'épeautre, sur les sédiments et les éboulis, les cailloux roulés légèrement graissés d'argile rouge, la vigne, en bas du Ventoux.

Comme l'épeautre, le vin est une affaire vénérable, depuis le IXe siècle en cette région, avec défense, dès la fin du XIIIe siècle, de l'entrée des raisins étrangers. Les paysans surent toujours produire du rouge avec un peu de blanc pour les jours de fête. C'était un vin qu'il fallait boire dans l'année car, dans les secteurs les moins favorables, il manquait de force tannique et parfois d'alcool, ce qui ne l'empêchait pas d'offrir la vivacité d'un vin de jeunesse. Au contraire, vers le sud de la région du Ventoux, ou au bas de la montagne, dans les vignobles gorgés de soleil, il était considéré, dès le XVIIIe siècle, comme « capable de faire le voyage de l'Inde » : il le devait à sa couleur, sa nervosité, son degré en alcool. D'ailleurs, pour une autre appellation, celle du vin doux naturel de Beaumes-de-Venise, on parle, dès 1760, d'un « vin muscat qui est bon, les raisins mûrissent plus tôt qu'ailleurs et sont excellents ». Aujourd'hui, seuls les vignobles des pentes caillouteuses, vers la plaine, produisent et méritent l'appellation d'origine contrôlée et cela depuis 1973, sur 51 communes d'Apt à Bédoin, en passant par Carpentras.

On trouve des rouges fruités et légers de petite garde, à base de Grenache et de Syrah, de Mourvèdre. Ils sont les héritiers des vins de paysan et vont bien en mariage avec la soupe d'épeautre ou la soupe au bâton. Quand ils sont plus colorés, plus tanniques, plus forts en alcool, il y a vieillissement possible et ils accompagnent viandes rouges et gibiers, tels les cailles, les pintades, ou le gratin d'agneau, comme ils sont heureux avec les entrées chaudes : craquant d'épeautre aux asperges avec raviole de foie gras, tarte aux oignons, terrine de courgettes avec poivron et petit épeautre s'en trouvent très bien. Ils vont leur chemin avec les fromages, en particulier, les chèvres que l'on sait si bien produire vers Banon. Et il les faut, dans le verre, à 13° ou 14°, frais.

La base du rosé est le Grenache, il lui donne son alcool, sa rondeur, mais le Cinsaut s'y ajoute pour ses arômes, sa finesse. Quant au Carignan, c'est la couleur, aussi la vivacité et la pétulance, un peu d'acidité. On le sert, à 9° ou 10°, avec la volaille, poulets, magrets, une jambonnette truffée et son ragoût de petit épeautre, un pigeon et son risotto d'épeautre. Ou, encore, avec une salade à l'épeautre, un taboulé, des crudités, des pointes d'asperges encapelinées d'épeautre à la sauce de morilles…

Plus rare que le rosé, le blanc du Ventoux n'est pas fait pour être conservé, pas plus que le rosé : ces vins se dégustent en leur état de jeunesse, de vérité. Ils parlent de terroir, sans fioriture mais en noblesse : on a pu dire d'eux, « des vins tranquilles ».

Nobles épousailles du vin et de l'épeautre.

Pour les blancs, peu nombreux, on laissait la grappe de la Clairette ou de Bourboulenc, d'Ugni blanc venir à maturité avancée : ce qui donnait couleur et sucre, presque du velouté, d'où Rasteau et Beaumes-de-Venise excellents, très frais, en apéritif, ou pour accompagner les desserts : des crêpes, des gaufres, des petits pains aux raisins, un gâteau aux fruits confits et à l'épeautre.

Vendangés plus tôt, ils sont plus secs, vifs, à déguster entre 7° et 8°, avec le poisson, par exemple un saumon poêlé au basilic et des blinis à l'épeautre ou un filet de sole au petit épeautre…

Quant au pain d'épeautre, il faut un jour en couper une tranche, dans le sens du long, y déposer des lamelles de truffe blanche d'été marinées dans de l'huile d'olive, saupoudrer le tout de sel de Guérande, verser une dernière lichette d'huile, toujours de la meilleure et s'en régaler. Sous les platanes, en juillet ou en août, avec un ballon de rouge bien léger, fils de Grenache et de Syrah, c'est le bonheur. Mais on peut essayer un blanc, avec un morceau de tartine à la confiture de figues ou d'oranges amères ou même de mûres sauvages !

Le pain de Jean-Jacques.

A table! La fête de l'épeautre

Le Rocher du Cire : l'épeautre est dans l'âme des pierres.

LA FÊTE DE L'ÉPEAUTRE

A son réveil, tard dans le matin de grand soleil, la nymphe gracieuse de la Nesque resta immobile et silencieuse. Elle n'était plus seule. Tout un peuple d'au moins six cents personnes était installé à ses pieds, à l'ombre des platanes et des marronniers. D'ordinaire, elle ne voit que les chasseurs et les caveurs de truffes, les joueurs de boules et les touristes. Elle les connaît, certains s'assoient sur le bord de la conque de sa fontaine, d'autres y viennent puiser l'eau de leur pastis, tous animent le bonheur calme de sa petite place de village.

Mais aujourd'hui, c'est autre chose. Il y a du monde partout même dans les rues. Des artisans, venus de loin, proposent une multitude de produits comme dans une foire d'autrefois. La nymphe de bronze tente bien de se souvenir, jamais rien de semblable et pourtant elle existe depuis 1905. Alors, elle se contente de regarder ces groupes bariolés qui défilent et dansent, les cavaliers et leurs rubans qui virevoltent, elle écoute la rumeur, finit par s'apercevoir qu'il y a des bouquets d'épeautre aux fenêtres, contre les murs et qu'un parfum doux et suave provient des cuisines du restaurant. Cette senteur, un peu fleurie, est celle de l'épeautre : elle le sait parce que les Moniliens n'ont jamais cessé d'en manger et aussi pour avoir entendu, un soir d'orage, quand le soleil passe un rayon entre deux nuages pour colorer les lavandes, une voix venue d'un coin du ciel. C'était celle d'Henri Bosco, le grand homme du Luberon, qui en parlait à Frédéric Mistral, le grand homme de la plaine. Ce dernier racontait les exploits de Calendal, ce héros à la conquête du miel du Rocher du Cire qu'il voulait offrir à sa belle pour montrer son courage. Il en fallait pour grimper le long de cette falaise au-dessus du vide des gorges de la Nesque. Quant à Bosco, il décrivait le travail et l'astuce des paysans capables d'extraire, des sols maigres, ces grains d'or. Il montrait l'imagination pour apprêter l'épeautre.

La nymphe, qui sait qu'en Provence tout peut arriver, se dit que ces grandes marmites et cet arôme sont, sans doute, pour Bosco et Mistral avec leurs amis : un grand repas dehors, sous le ciel, comme on sait en offrir par ici, pour le plaisir de se retrouver sur la peau de la terre. Peut-être même avec le discret et farouche Giono de Lure. Alors, la nymphe regarde cette fête de l'épeautre, de l'amitié, cette fête de la vie. Ces grands hommes sont présents, au moins en esprit, puisque l'épeautre est dans l'âme de ces pierres, qu'il y puise ses goûts. Les six cents fourchettes s'activent, sans faiblir, jusqu'au dernier grain.

Puis viennent les confréries et la tenue exceptionnelle de leur chapitre devant la nymphe. Elle songe que l'épeautre mériterait bien, lui aussi, d'être honoré de la sorte une prochaine année.

La petite nymphe de bronze a un cœur simple et généreux et donne son eau, sa beauté. Elle est sûre que, désormais, avec la fête de l'épeautre, quand septembre est à sa naissance, Monieux devient le centre du monde.

Glossaire

ANDUECHO: andouille (à base de couenne) (in: J.-T. AVRIL).
ANDUECHO, ENDUECHO, ANDOCHO (dauphinois): andouille à base de couenne (in: MISTRAL).
ANGUIEUCHE: saucisse de couenne pour la soupe d'épeautre. Terme encore usité dans la région de Carpentras et vers Mallemort du Comtat.
BAJAN: plat de légumes cuits à l'eau, qu'on mange en salade (in: MISTRAL).
BAJANO, BAIANO, BAJAINO: plat de légumes bouillis (in: MISTRAL).
BAJHANO: saugrenée de salade de légumes (in: J.-T. AVRIL).
BOUREGEO: soupe ou bouillie (avec de la farine) (in: HONNORAT).
BOURROULETO: bouillie (in: MISTRAL).
BRIGADEOU (ELA): qui parle comme celui qui a la bouche emplie de la bouillie qu'on appelle *Brigadeous* (in: HONNORAT).
BRIGADEOUS (*couquels, brigandeous, brigoundeous*): gaude, bouillie, soupe que l'on fait avec de la farine délayée dans l'eau et réduite en grumeaux (in: HONNORAT).
BRIGADÉU: *manja de brigadèu*, manger de la bouillie, mets ordinaire des montagnards (in: MISTRAL).
BRIGADÉU: bredouilleur (in: MISTRAL).
EIGRUIHA: gruer, monder, enlever à certains grains la petite peau qui les couvre, pour les rendre propres à être mis à la soupe (in: J.-T. AVRIL).
EIGRUIHA - ADO: grué, monder (in: J.-T. AVRIL).
ESPEOUTA - PICHOTA (METEL): petite épeautre, froment monocoque, froment uniloculaire (T. M.). Cette espèce est plus petite que la précédente, ses épis sont plus grêles, plus courts, plus comprimés, et chaque épillet ne contient qu'une fleur fertile, et par conséquent, qu'un grain; c'est celle qui est généralement cultivée dans la Haute Provence (in: HONNORAT).
ESPEOUTERA (*espeoutière*): champ ensemencé d'épeautre.
Epeautrière n'est pas adopté par l'Académie (in: HONNORAT).
ESPÉOUTIERO, ESPÉTIÈIRO: champ d'épeautre; terrain maigre et sec (in: MISTRAL).

ESPEOUTO: épeautre, espèce de menu froment à deux rangs de barbe. Il est excellent en soupe (in: J.-T. AVRIL).
ESPIAUTE (ESPIAUTRE): au XIIIe siècle, épeautre. Il semble que le mot provençal *espeuto* (petit épeautre), soit passé, comme tant d'autres, dans la langue française, dès le XIIIe siècle. On en faisait un "pain d'espiaute". (*Dictionnaire alphabétique et analogique*, PAUL ROBERT. Nouveau Littré et P.U.F., 1953).
FARINETO: petite farine dont on fait de la bouillie (une gaude, une fromentée) (in: MISTRAL).
GAUDO: plat de bouillie (in: MISTRAL).
GRUDADOU: moulin à gruau, moulin à monder (in: MISTRAL).
GRUDAT, GRUAT (dauphinois), **GRIAT** (dialecte des bords du Rhône): gruau de froment ou d'épeautre (in: MISTRAL).
LANGUIER (en français): langue et gorge fumées d'un porc (in: *Larousse*).
MANJO - BRIGADÈU: mangeur de bouillie, sobriquet des gens de Villars (Vaucluse) (in: MISTRAL).
MARSOUN (origine dans les Basses-Alpes): andouille fumée. Boyau de porc rempli d'autres boyaux ou de la chair du même animal, que l'on fait dessécher à la fumée de la cheminée pour les conserver plus longtemps. *Marsoun de lenguo*: languier (in: J.-T. AVRIL).
METEL: métel, on donne ce nom, à Nice, à la petite épeautre (in: HONNORAT).
MÉUSSOUN, MUERSOUN, MARSOUN (dialecte des Alpes), **MIARSOU, MERUSSOU, MURSOU, MURUSSON, MURISSON, MURISSIN** (dauphinois): saucisse de viande de porc, espèce d'andouille ou de cervelas, saucisson de ménage gros et court (in: MISTRAL); en français: murçon.
MISSOUN: andouille fumée (in: J.-T. AVRIL).
MISSOUNI (dialecte des bords du Rhône): saucisse (in: MISTRAL).
PICHOTO ESPÉUTO (T. M.): petite épeautre (voir METEL) (in: MISTRAL).
SOUPO DE BASTOUN: soupe au bâton.
SOUPO D'ESPEOUTO: soupe d'épeautre.

Carnet d'adresses

AUBERGE de SAVOILLANS - Tél. 75.28.80.87
Épaule d'agneau à l'épeautre (spécialité).

Martial BONNEFOY Moulin de Briançon
26570 Reilhannette - Tél. 75.28.82.75
Farine complète ou blutée de petit épeautre (pour crêpes, pizzas, gâteaux et pains) + plats cuisinés à l'épeautre et croquants à l'épeautre.

BOULANGERIE J.J. CARBONNET
84390 Monieux - Tél. 90.64.01.02
Ouvert tous les jours sauf le mercredi. *Pain d'épeautre (au levain de boulanger et à la farine complète).*

BOULANGERIE Chantal DROMER
A Cabrières-d'Avignon - Tél. 90.76.90.19
Pain d'épeautre.

BOULANGERIE MICHEL
33, rue Vacon - 13001 Marseille - Tél. 91.33.79.43
Tous les jours - (sauf dimanche et jours fériés) de 7 h 30 à 20 h (août : fermeture annuelle).
Pain d'épeautre.

André BOYER (nougatier)
84390 Sault - Tél. 90.64.00.23
Galette au petit épeautre.

BRUNET Frères, traiteur
13, rue Vigne - 84200 Carpentras - Tél. 90.63.11.97
Saucisse de couenne (pour la soupe d'épeautre).

CALI (alimentation)
Rue de la République - 84390 Sault
Tél. 90.64.02.78 - *Épeautre en grains.*

CARDON (alimentation)
Place du Marché - 84390 Sault
Tél. 90.64.07.96 - *Épeautre en grains.*

COOPÉRATIVE "MAISON des PRODUCTEURS"
Rue de la République - 84390 Sault - Tél. 90.64.08.98
Épeautre en grains, farine, croquants sucrés et salés.

FERME SAINT-HUBERT M. Christian DOVA
84390 Monieux - Tél. 90.64.04.51 et 90.64.00.64
Table d'hôte : foie gras sur pain d'épeautre, plat de légumes au petit épeautre, confectionné pour accompagner une oie rôtie de l'élevage.

HÔTELLERIE du VAL de SAULT
84390 Sault - Tél. 90.64.01.41 - *Spécialités à l'épeautre.*

Richard JEAN, BOULANGER
A Savoillans - Tél. 75.28.85.04
Pain d'épeautre, épeautre en grains.

LA POUPAILLE (Pierre FOSSOYEUX)
Table et chambre d'hôte
26790 Suze-la-Rousse - Tél. 75.04.83.99
Sauté d'agneau à l'épeautre.

LA SALTÉSIENNE (coopérative)
Route de la Lavande - 84390 Sault - Tél. 90.64.10.74
Épeautre en grains.

LA TABLE du COMTAT
Séguret - Tél. 90.46.01.49
Spécialité d'un gâteau d'épeautre aux fruits confits.

Katherine et Francis LIARDET (producteurs)
Route du Ventoux - 84390 Sault - Tél. 90.64.02.70
Épeautre en grains.

LE VERT GALAND
12, rue Clapies Carpentras - Tél. 90.67.15.50
Crème froide d'épeautre torréfié à la cassonnade (spécialité) risotto d'épeautre aux truffes noires.

MAISON du BLÉ et du PAIN
Rue du Pont - 71350 Verdun-sur-le-Doubs
Tél. 85.91.57.09

Sur les MARCHÉS de : APT, CARPENTRAS, SAULT, VAISON-LA-ROMAINE...
Produits divers.

Josette et Robert MORARD
Ferme auberge "La grange de Papé"
Route d'Aubignan - 84330 Caromb - Tél. 90.62.53.89
Sartana d'espeautre...

MOULIN SAINT-JOSEPH
M. Monteau à Grans - 13450 - Tél. 90.55.93.19
Farine d'épeautre.

MUSÉE de la BOULANGERIE de BONNIEUX
Rue de la République - 84480 Bonnieux
Tél. 90.75.88.34 - Eté (1/4 au 30/9) : 10 h-12 h ; 15 h-18 h - 1/10 - Toussaint : samedi-dimanche, fermeture ensuite.

MUSÉE du PAIN (BROTMUSEUM)
Salzstadelgasse 10-89073 Ulm (R.F.A.)
Tél. 07.31.69.955 - Lundi au vendredi.

PERRIN (charcuterie et traiteur)
Rue de la République - 84390 Sault - Tél. 90.64.01.16
Saucisse de couenne.

RESTAURANT des LAVANDES
Sur la Place - 84390 Monieux - Tél. 90.64.05.08
Fermé en janvier-février, ouvert tous les jours (fermé le lundi entre octobre et avril). *Spécialités à l'épeautre : salade saltésienne, râble de lapin et gratin d'épeautre...*

SYNDICAT INTERDÉPARTEMENTAL DES PRODUCTEURS DE PETIT ÉPEAUTRE DE HAUTE-PROVENCE (S.I.P.P.E.H.P.)
26560 Mévouillon - Tél. 04.75.28.51.86

BIBLIOGRAPHIE

AMOURETTI M.-C., *Les céréales dans l'Antiquité : espèces, mouture, conservation, liaisons et interférences*, in : *Les techniques de conservation des grains à long terme* (tome 1) éditions du C.N.R.S., Paris, 1979

AMOURIC H., DUMAS M., GROSSO R., LOCCI J.-P., MARTEC C., MUDRY J., PICHOU J., *Entre Murs et Gordes (Vaucluse). Les moulins de la Combe de Véroncle (XVIe-XIXe siècles)*, Les Alpes de Lumière et A.S.P.P.I.N., n° 118, 1996

ANSELME (Père), *Histoire générale et chronologique de la maison royale de France, des Pairs et grands officiers de la couronne* (tome VIII, p. 603), Paris, 1726-1733

ARTEFEUIL, *Histoire héroïque et universelle de la noblesse de France* (3 volumes), Avignon, 1757-1786

ATHÉNÉE, *Les Deïpnosophistes*, éd. les Belles Lettres

AUBIN M.-C. et ECHES R., *Le dépiquage des céréales dans la commune de Vidauban (Var) au siècle dernier et au début de ce siècle*, in *Les techniques de conservation des grains à long terme* (tome 3, fascicule 1), éditions du C.N.R.S., Paris, 1985

AVRIL J.T., *Dictionnaire provençal-français*, Édouard Cartier, Apt, 1839

BARATIER E. et REYNAUD F., *Histoire du commerce de Marseille : 1290-1480* (tome 2), éd. Plon, 1951

BARRUOL G. et collectif, *Pays de Sault et d'Albion*, Les Alpes de Lumière, n° 113, 1993

BAUMANN H., *Le bouquet d'Athéna* (traduit de l'all.), éd. Flammarion, 1989

BEAURREDON (Abbé), *Voyage agricole chez les Anciens ou l'économie rurale dans l'Antiquité*, Arthur Savaète, éditeur à Paris, 1898

BÉRARD L., FROX J., HYMAN M., HYMAN Ph., MARCENAY Ph., *Provence-Alpes-Côte d'azur (L'inventaire du patrimoine culinaire de la France)*, Albin Michel-Conseil national des arts culinaires (C.N.A.C.), 1995

BLANC G.-H., *Autrefois... sa table*, chez l'auteur, 3 rue d'Arcole, Cotignac, 1994

BONNEFOY J.-P., *L'épeautre : céréale traditionnelle ou révolutionnaire ?*, Carnets du Ventoux n° 8, éd. Barthélémy à Avignon, 1989

BOSCO H., *L'enfant et la rivière*, coll. Folio Junior, éd. Gallimard, 1953

BOSCO H., *Le Mas Théotime*, coll. Folio, éd. Gallimard, 1953

BRUNET A. (sous la présidence de), *Les Provençales cuisinent*, Cercle de famille à Reillanne, 1991

CHAILLAN M., *Le Roi René à son château de Gardanne*, Picard et fils, Paris, 1909

COMET G., *A propos de diverses céréales au Moyen âge* (in : *Les techniques de conservation des grains à long terme* (tome 1)), éditions du C.N.R.S., Paris, 1979

COMET G., *Le paysan et son outil : essai d'histoire technique des céréales (France VIIIe-XVe siècles)*, Thèse de doctorat d'État, Université de Provence, Aix (2 tomes), éditée par l'École française de Rome ; Palais Farnèse, 1992

COMET G., *La représentation des céréales au moyen âge* (in : *Les céréales en Méditerranée* p. 25-37), C.N.R.S. éd.-éd. La Porte, 1993

COSSON P., *Un demi-millénaire de présence grecque à Antibes*, in : *Annales de la Société Scientifique et Littéraire de Cannes*, 1990

COULET N., *Rotation de culture en Basse-Provence au XVe siècle*, in : *Histoire des techniques et sources documentaires : méthodes d'approche et d'expérimentation en région méditerranéenne* (cahier n° 7) Institut de recherches méditerranéennes (Université de Provence)

COULET N., *Aix-en-Provence, espace et relations d'une capitale, milieu XIVe, milieu XVe siècle*, Université de Provence, 1988

DAUDET L. et MAURRAS C., *Notre Provence*, 1933

DÉMIANS-D'ARCHIMBAUD G., *Rougiers, village provençal déserté*, Guides archéologiques de la France - Ministère de la Culture (Imp. nationale), 1987

DE REPARAZ G.-A., *Techniques de culture et utilisation du sol dans la montagne de Haute Provence du premier XIXe siècle (1800-1850)*, in : *Histoire des techniques et sources documentaires : méthodes d'approche et expérimentation en région méditerranéenne* (cahier n° 7), Institut de recherches méditerranéennes (Université de Provence)

DÉTIENNE M. et VERNANT J.-P., *La cuisine des sacrifices en pays grec*, éd. Gallimard, 1979

DOMENGE G. (sous la direction de), *Cuisine de tradition du Var et des Alpes du sud*, Centre culturel provençal de Draguignan - Edisud, Aix, 1993

EMMANUELLI F.-X., BARBIER B., CATY R., MONNIER G., RICHARD E., SCHOR R., *La Provence contemporaine de 1800 à nos jours*, éd. Ouest-France, 1994

ESCALIER C. et MUSSET D., *Pétrir, frire, mijoter, les cuisines des Alpes du sud*, Alpes de Lumière, n° 108, 1991

Escudier J.-N., *La véritable cuisine provençale et niçoise*, éd. Provencia, Toulon, 1964

Février P.-A., Bats M., Camps G., Fixot M., Guyon J., Ryser J., *La Provence, des origines à l'an Mil*, éd. Ouest-France, 1989

Gallice M.J.F, *État chronologique des noms et des armoiries de nos seigneurs les officiers de la cour du Parlement de Provence, depuis son établissement jusqu'à présent*, Coelemans, Aix, 1713

Garcin E., *Dictionnaire historique et topographique de la Provence*, à Draguignan (2 tomes), 1835

Gautier T., *Le Capitaine Fracasse*, éd. Livre de Poche, 1985

Girou M. et Melet L., *Le chant languedocien et pyrénéen*, Toulouse, 1935

Granoux-Lansard M., *Les meilleures recettes de Provence et de Côte d'Azur*, éd. S.A.E.P., Colmar, 1986

Grosso R., *Paysans de Provence*, éd. Horvath, 1993

Grosso R. (sous la direction de), *Histoire de Vaucluse* (2 tomes), éd. A. Barthélémy, Avignon, 1993

Haitze P.-J., *État chronologique et héraldique des consuls d'Aix, Procureurs du pays de Provence*, David, Aix, 1726

Harlan J.-P., *Les plantes cultivées et l'homme*, 1987

Hertzka G. Strehlow W., *Handbuch der Hildegard-Medizin*, version française : *Manuel de la Médecine de Sainte Hildegarde*, éd. Résiac, 1988

Hildegarde de Bingen, *Louanges*, texte latin et traduction en français, édition de la Différence, 1990

Homère, *Iliade*, texte grec de l'édition Belles Lettres, traduction nouvelle de Frédéric Mugler, édition de la Différence, 1989

Homère, *Odyssée*, texte grec de l'édition Teubner, traduction nouvelle de Frédéric Mugler, édition de la Différence, 1990

Honnorat, *Dictionnaire d'Honnorat : provençal- français ou dictionnaire de la langue d'oc*, Repas, imprimeur-libraire-éditeur, à Digne, 1846

Hugo V., *La Légende des Siècles*

Husnot T., *Graminées, description, figures et usages*, 1896-1899

Jacob H.E., *Histoire du pain depuis 6000 ans*, éd. du Seuil, 1954

Jacqmain M. et Ancion C., *Évolution de la panification de l'épeautre*, in : *L'épeautre (T.S.), Histoire et ethnologie*, éd. Dire, à Treignes, en Belgique, 1989

Junianus Justinus M., *Historiae Philippicae*, traduction Nisard, 1841

Ledent J.-F, *Situation de l'épeautre vis-à-vis du froment et des blés primitifs*, in : *L'épeautre (T. S.), Histoire et ethnologie*, éd. Dire, à Treignes, en Belgique, 1989

Lheureux S., *La cuisine du soleil entre Provence et Languedoc*, éd. Lacour, Nîmes, 1986

Lieutaud M., *Précis de la matière médicale*, chez la Veuve de Pierre Duménil, rue de la Chaîne à Rouen, en 1787

Malaussena P.-L., *La vie en Provence Orientale aux XIVe et XVe siècles*, Librairie générale de Droit et de Jurisprudence, Paris, 1969

Marchandiau J.N., *Outillage agricole de la Provence d'autrefois*, éd. Edisud, 1984

Marinval P., *Bilan des découvertes archéologiques de l'épeautre (T. S.) en France de la Préhistoire au moyen âge*, in *L'épeautre (T. S.), Histoire et ethnologie*, éd. Dire, à Treignes en Belgique, 1989

Marinval Ph. et Ruas M.-P., *Les céréales vêtues en France du néolithique jusqu'au moyen âge*, approche carpologique, in : *L'évolution des techniques est-elle autonome ?* Colloque d'Aix-en-Provence à l'espace Méjanes du 17/11/1989, Publications de l'Université de Provence en 1991

Marinval Ph. et Ruas M.-P., *Alimentation végétale et agriculture d'après les semences archéologiques (de 9 000 av. J.-C. au XVe siècle)*, in : *Pour une archéologie agraire : à la croisée des sciences de l'homme et de la nature*, Armand Colin, 1991

Marinval Ph., *Économie végétale entre montagne Sainte-Victoire et Alpilles du Mésolithique à l'âge du fer*, in : *Archéologie et environnement de la Sainte-Victoire aux Alpilles* (sous la direction de Ph. Leveau et M. Provansal), travaux du Centre Camille Jullian, Publications Université de Provence, Aix, 1993

Martel J.-P., *Les blés de l'été* (2 tomes), Alpes de Lumière, n° 82-83, 1983

Mathon Cl.-Ch., *A la recherche du patrimoine : sur quelques blés traditionnels du Sud-Est de la France*, in : Suppl. au Bull. mens. de la Soc. Linéenne de Lyon, 54e année, avril 1985

Maureau A., *Recettes en Provence*, Edisud, Aix, 1991

Migne (Abbé), *Patrologie latine*, tome 197 : *Hildegarde de Bingen*

Mistral F., *Lou Tresor dou Felibrige ou dictionnaire Provençal - Français*, édition du Centenaire (sous la direction de Tuby V.), 2 tomes, Slatkine-éd. de l'Unicorne, Genève-Paris, 1979

Morard, *Manuel complet de la cuisine provençale*, Imprimerie générale Achard et Cie, Marseille, 1886

Mutualité Agricole de Vaucluse, *L'alimentation provençale*, éd. Barthélémy, Avignon, 1989

Nazet M., *Misé Lipeto : le calendrier gourmand de la cuisine d'hier et d'aujourd'hui* (tome 1), éd. Créer, à Nonette, 1982
Obled E., *La vie rurale*, in : *une terre de Provence sous la Révolution : le pays d'Apt*, Archipal, Apt, 1990
Orsatelli J., *Les moulins*, éd. J. Laffitte, 1979
Pelestor-Ravel B., *L'épeautre de mon enfance*, éd. de l'Envol à Archail (près de Digne), 1993
Perrier E., *Les bibliothèques et les collectionneurs provençaux*, Marseille, 1897
Python-Curt J.-A., *Histoire de la noblesse du Comtat-Venaissin, d'Avignon et de la Principauté d'Orange* (4 volumes), Paris, 1743-1750
Reboul J.-B., *La Cuisinière Provençale*, éd. Tacussel, Marseille, nbr. rééd.
Ruas M.-P., *Les plantes exploitées en France au moyen âge d'après les semences archéologiques*, Centre d'Anthropologie des sociétés rurales, Toulouse
Sapho, *Fragments de poésie*, éd. les Belles Lettres
Sigaut F., *Les spécificités de l'epeautre et l'évolution des techniques*, in : *L'épeautre (T. S.) Histoire et ethnologie*, éd. Dire, à Treignes en Belgique, 1989
Stouff L., *Grains et pain dans la Provence de la fin du moyen âge*, in : *Les céréales en Méditerranée* (p. 38-51) C.N.R.S. éd.-éd. La Porte, 1993
Stouff L., *La table provençale : boire et manger en Provence à la fin du moyen âge*, éd. A. Barthélémy, Avignon, 1996
Teissier O., *Armorial des échevins de Marseille*, de 1660 à 1790, Marseille, 1883
Théodorus Jacobus, *Eicones plantarum seu stirpium, arborum nempe*, (...) Francfort, 1590 (Bibliothèque du Museum d'Histoire Naturelle, Paris, cote 3202)
Toussaint-Samat M., *Ethnocuisine de Provence*, éd. Civry, 1982
Valmont de Bomare, *Dictionnaire raisonné universel d'Histoire naturelle*, chez Jean- Marie Bruyset Père et fils, à Lyon, 1776
Vulson de la Colombière, *La science héroïque traitant de la noblesse, et de l'origine des armes*, Paris, 1669
Anonyme, *Le prieuré-cure de Trans au XVIIIe siècle : droits de dîme* (n° 5 de 1928). *Le prieuré-cure de Trans au XVIIIe siècle : affermage des biens et de la dîme* (n° 6 de 1929). *Revenus et récoltes de la communauté de Trans au cours des années 1707-1726* (n° 34 de 1934). *Impôt du dixième sur les fruits*, (n° 65 de 1937), in : *Les archives de Trans en Provence*, sous le haut patronage de l'Institut historique de Provence.
Actes du Dinkelsymposium (Congrès sur l'épeautre) Hohenheim, R.F.A., 1988

Table des illustrations

Petit épeautre, d'après : Jacobus Theodorus, *Eicones plantarum* (1590)
Bibliothèque du Museum d'Hist. Nat. Paris 8
La généalogie du petit épeautre, d'après la plaquette de l'expo. de Dijon
Du grain à la farine (1982-83) 12
Tableau de quelques céréales cultivées dans le sud de la France
(in : *Alimentation végétale et agriculture d'après les semences archéologiques :
9 000 av. J.-C. au XVe siècle*) 28
Aires de distribution des ancêtres sauvages des blés cultivés (d'après Peterson) 32
Aires de distribution dense des blés et orges spontanés (d'après Harlan et Zahary) 32
Bandeau, gravé sur cuivre, XVIIIe siècle (tiré de l'ouvrage du Père Anselme) :
*insignes de la charge de Grand Panetier de France, Armes d'Ambel, Azegot,
Berne legier, Chambon, Creissel, Estieu, Garnier, Javelly, Maure, Michel, Panisse,
Piolenc, Tamisier, Thomassin, Tuzelli.* .... 48 à 52
Croquis supposé du rouleau à dépiquer les grains vêtus (epeautre...)
(in : *Le dépiquage des céréales dans la commune de Vidauban, Var, au siècle dernier
et au début de ce siècle*) 64
Alimentation noble et alimentation des paysans : système de classification 76
Tableau des constituants principaux de quelques céréales (d'après : *Céréales-Ventoux*) . 78
Tableau des acides aminés essentiels (d'après : *Céréales- Ventoux*) 78

Index de la ménagère

Apéritif
Allumettes au fromage 97
Brioche aux gratons 97
Cake aux olives vertes 98
Tranchettes 98

Soupes
Soupe à la farine de petit épeautre 99
Soupe à l'oignon 99
Soupe aux quenelles de petit épeautre 100
Soupe de légumes 100
Soupe de petit épeautre 101

Salades
Salade de petit épeautre au cantal 101
Taboulé d'épeautre 102

Entrées
Brioche aux gratons 97
Cake aux olives vertes 98
Croissants au jambon 102
Pizza 103
Quiche aux brocolis 103
Quiche lorraine 104
Saucisson brioché 104
Tarte aux oignons 105
Terrine de courgettes accompagnée de poivrons cuits et de petit épeautre en taboulé 105

Poissons et crustacés
Filets de sole au petit épeautre 106
Poisson à l'américaine et son accompagnement de petit épeautre 107

Viandes et volailles
Blanquette de veau au petit épeautre 107
Escalopes de veau Lucullus 108
Jambon à la crème 108
Magrets de canard 109
Poulet à l'épeautre 109

Accompagnements et légumes
Crêpes à la sauce tomate 110
Crêpes à la sauce verte 110
Crêpes aux courgettes 111
Crêpes à la courge 111
Crêpes épaisses aux noisettes 112
Fonds d'artichauts farcis 112
Petit épeautre à l'omelette 113
Petit épeautre aux champignons 113
Petit épeautre aux légumes frais 114
Spätzle (avec daube, escalopes Lucullus, etc.) 114

Desserts
Brioche fourrée aux pommes 115
Cake aux fruits confits 116
Clafoutis 117
Crème aux oranges (ou autres fruits) 117
Fruits en gratin 118
Gâteau au chocolat 118
Gâteau au chocolat (micro-ondes) 119
Gâteau au fromage blanc 119
Gâteau au beurre salé 120
Lyonnais (gâteau) 120
Omelette norvégienne 121
Petit épeautre au lait 121
Reine de Saba 122
Salade de fruits au petit épeautre 122
Tarte aux prunes 123
Tuiles 123
Vaguelettes du Rhône 124

Crêpes, gaufres et pains
Crêpes (recette de base) 125
Gaufres 125
Pains 126
Petits pains aux raisins 127

Index du chef

Soupe
Soupe au petit épeautre de Sault 129

Salades et entrées froides
Salade saltésienne au petit épeautre 130
Salade folle aux pommes d'épeautre 131
Cigares de pointes d'asperges à la cape brune d'épeautre, au fumet de morilles 131
Panier d'asperges au sabayon de basilic 132
Craquant d'épeautre aux pointes d'asperges et raviole de foie gras au beurre de cerfeuil 133

Poissons et leur garniture
Blinis d'épeautre à l'escalope de saumon poêlée au basilic 134
Crêpe parmentière de saumon à la farine de petit épeautre du Ventoux et crème de petit fumé 135
Duo de saumon servi sur petits blinis tièdes à la farine d'épeautre 136

Viandes, volailles et gibiers et leur garniture
Pot-au-feu gavot à l'épeautre 137
Hachis d'agneau mariné accompagné d'épeautre en robe de chou et son jus de figues 138
Gratin d'agneau 139
Millefeuille croustillant d'agneau et ses petits farcis de saison à l'épeautre 140
Galette de petit épeautre aux ris de veau et cèpes 141
Râble de lapin farci et son gratin d'épeautre 142
Jambonnette de volaille truffée aux céréales avec un ragoût de petit épeautre du Ventoux 143
Le pigeon en deux cuissons et son risotto d'épeautre 144
Pintades de la Drôme à la bigarade et timbales de petit épeautre glacées au caramel de miel et d'épices 145
Cailles farcies en crépine et petit risotto d'épeautre 146
Cailles fourrées de mique aux abats sur petit épeautre du Ventoux et leurs œufs poêlés 147

TABLE DES MATIERES

Préface 5
L'ÉPEAUTRE ET L'ESPRIT
Épeautre ou épeautre (Valabrègue) 10
Homère, Hugo, Bosco et les autres (Valabrègue) 11
La chanson de l'épeautre (Valabrègue - Dova) 16
La mystique de l'épeautre (Valabrègue) 18
LE CHEMIN DE L'ÉPEAUTRE
Le vocabulaire incertain de l'épeautre (Duplessy) 25
L'âge d'or du petit épeautre : du Néolithique aux Massaliotes (Duplessy) 29
Une autre archéologie de l'épeautre, celle des mots et de la légende (Valabrègue) .. 33
La révolution romaine : froment contre épeautre (Duplessy) .. 35
Les siècles de fer et le petit épeautre (Duplessy) 37
Le beau moyen âge et le petit épeautre (Duplessy) 39
Des siècles d'épeautre (Duplessy) 42
Noblesse de grains (Dalmasso) 47
LE TRAVAIL DE L'ÉPEAUTRE
Du grenier à la terre (Duplessy) 55
Le temps des travaux (Duplessy) 57
Moisson d'août (Duplessy) 58
De la terre à l'aire (Duplessy) 60
De l'aire au moulin (Duplessy) 61
Des lois fatales (Duplessy) 66
La mouture (Duplessy) 67
DE LA BOUILLIE À LA SOUPE AU BÂTON
Bouillie, soupe et galette, à l'origine de la cuisine provençale (Duplessy) .. 71
Pain de Dieu, pain des hommes : épeautre et civilisation (Duplessy) 73
L'épeautre, une plante de société (Duplessy) 77
L'épeautre dans les livres de cuisine : mort et renaissance (Duplessy) 85
La soupe de la Loubatière (Duplessy) 88
A TABLE !
Conseils pour cuisiner l'épeautre (Valabrègue - Vermorel) ... 93
Préparation de base (Valabrègue - Vermorel) 95
Les recettes d'une ménagère (Valabrègue - Vermorel) 97
Les recettes d'un chef (Gabert) 129
L'I.G.P. (indication géographique protégée) : le petit épeautre .. 148
L'épeautre et le vin (Gabert) 149
La fête de l'épeautre (Gabert) 151
Glossaire de l'épeautre 153
Carnet d'adresses 154
Bibliographie 155
Table des illustrations 157
Index thématique des plats 158
Table des matières 159

Achevé d'imprimer en mars 2005
Dépôt légal à parution

Imprimé en UE